M. THIERS

ET L'ALLIANCE ANGLAISE,

ou

SUITES INÉVITABLES

DE LA GUERRE AVEC L'ANGLETERRE.

PAR L'ANCIEN CAPITAINE DE VAISSEAU

G. LAIGNEL,

Officier de la Légion-d'Honneur.

« Je suis, je l'avoue, partisan de l'alliance anglaise ; et en ce moment je crois que l'Angleterre est l'ALLIÉE NÉCESSAIRE de la France. »
(M. THIERS à la tribune de MM. les Députés, dans la séance du 13 janvier 1840).

« LE VRAI PATRIOTISME est là où l'on ose toujours dire avec fermeté la vérité à son pays, et où on ne se fait jamais LE COURTISAN de ses erreurs. »
(Journal LA PRESSE, du 6 août 1840).

Prix : 2 francs.

PARIS,

A LA LIBRAIRIE DE Mme Ve DESOER, RUE DE SEINE.

—

1840.

IMPRIMERIE DE CÉSAR BAJAT, rue Montmartre, 131.

Avertissement.

Cet écrit devait paraître dans le courant du mois d'août dernier. Toutefois avant de le remettre à l'imprimeur, attendu qu'il contient DES VÉRITÉS, qu'en ma qualité de Français, j'éprouvais quelque répugnance à rendre publiques, j'avais cru devoir le soumettre à plusieurs personnes respectables, pour avoir leur opinion sur l'opportunité de sa publication.

Ces personnes sont bien convenues avec moi que son contenu ne laissait pas que de devoir être important, surtout, m'ont-elles dit, si les faits ou les documents ou les événements que j'y relate sont exacts ; mais comme par leur situation dans le monde elles sont absolument étrangères à la marine, elles m'ont fait observer qu'elles ne croyaient pas pouvoir se considérer comme juges compétents pour la question que je leur soumettais, et en conséquence il ne m'a pas été possible d'obtenir d'elles leur opinion formellement prononcée sur l'opportunité, ou la non opportunité de la publication que je désirais faire de cet écrit.

Cette réserve de leur part m'ayant semblé devoir être

pour moi, sinon une preuve, au moins une déclaration indirectement faite, qu'elles n'en croyaient pas le moment opportun, je me suis d'autant plus volontiers déterminé à attendre encore quelque temps que, non-seulement je ne pouvais pas me dissimuler combien les vérités que je vais publier pourraient paraître dures à entendre, mais encore qu'il ne m'était pas démontré qu'il y eût *alors* péril en la demeure, si je ne les publiais pas.

Aujourd'hui ma situation est différente. Si la publicité que j'aurais donnée, il y a deux mois, à ces vérités, eût pu avoir sur les affaires politiques qu'elles sont dans le cas de concerner quelque influence désavantageuse pour la France, ces affaires sont maintenant assez avancées pour que je n'aie pas à craindre que plus tard on puisse en attribuer à mon écrit le résultat quel qu'il pourrait être.

J'obéis donc aux inspirations de mon dévouement à la France, EN ADVIENNE QUE POURRA.

G. LAIGNEL.

Paris, 6 octobre 1840.

INTRODUCTION.

Celui qui publie cet écrit n'a point l'honneur de connaître M. **Thiers**, et il est probable qu'il n'en est pas lui-même connu, puisqu'il peut affirmer qu'ils ne se sont jamais trouvés ensemble en quelque lieu que ce soit. En conséquence, il croit pouvoir se flatter qu'on ne l'accusera pas de *courtisanerie* envers ce Président du conseil des Ministres, lorsqu'il se fait son apologiste relativement à l'opinion qu'il avait émise sur l'alliance entre la France et l'Angleterre, *au commencement de cette année.*

CET ÉDITEUR EST FRANÇAIS AVANT TOUT! sincèrement attaché et entièrement dévoué à son pays. C'est en ces qualités qu'il entreprend d'appeler l'attention de ses compatriotes, *continuellement abusés,* *sur la situation véritablement affligeante* dans laquelle il est convaincu que la France se trouve aujourd'hui placée à l'égard de l'Angleterre; d'abord par la mauvaise direction, *sous tous les rapports,* à laquelle la Marine française n'a point cessé d'être soumise

depuis le renversement de l'Empereur (1)...; ensuite par les progrès étonnants que l'Angleterre a
faits dans la navigation au moyen de la vapeur...;
troisièmement, par l'indifférence, on pourrait dire
incroyable, avec laquelle ces progrès *paraissent*
avoir été appréciés dans le ministère de la marine
en France...; et enfin, PAR L'ÉLOIGNEMENT, IL FAUT
LE DIRE, VÉRITABLEMENT COUPABLE QUE LA PRESSE
QUOTIDIENNE DE LA CAPITALE SEMBLE ÉPROUVER POUR
LA MARINE !

Aussi longtemps que la navigation sur les mers
n'aurait pu se faire qu'au moyen des voiles et du
vent, ainsi que par des bâtiments plus ou moins
bien manœuvrés, l'éditeur de cet écrit n'aurait point
cessé d'être persuadé et de proclamer « que si la
France l'avait jamais *sincèrement* voulu, elle n'aurait
pas dû redouter l'Angleterre; et que si la marine
anglaise a eu, dans le cours de tant de guerres, une
supériorité aussi marquée sur la marine française,
ce n'a pu être que parce que la France se tenait *vo-
lontairement*, à l'égard de l'Angleterre, dans la situation où la nature a placé le cheval envers
l'homme, auquel il n'est aussi soumis que parce
qu'il ne connaît point sa propre force et n'en a pas
l'intelligence ! »

(1) Par ces mots « *mauvaise direction*, » il faut entendre le
MAUVAIS SYSTÈME d'après lequel cette marine a été dirigée, ou
plus exactement parlant, L'ABSENCE DU BON SYSTÈME d'après lequel elle aurait dû et devrait l'être.

Mais aujourd'hui cette situation de la France envers l'Angleterre n'est plus la même qu'elle était *il n'y a encore que quelques années*. La vapeur, introduite dans la navigation sur les mers, y a remplacé le vent et les voiles, ou plutôt elle y est devenue leur dominateur! Avec la vapeur il n'y a plus de temps, de vents, de courants, de marées contraires! Il n'y a plus de supériorité acquise par l'habileté des marins qui composent les équipages des vaisseaux, par le nombre des bâtiments d'une escadre, par la science des évolutions navales, *ni même par le courage des combattants!* Dorénavant l'empire des mers appartiendra à la puissance maritime qui pourra disposer sur cet élément du plus grand nombre de bâtiments à vapeur, *les plus forts en machines et en artillerie!!!* (1).

Malheureusement la France a laissé l'Angleterre prendre à cet égard les devants, ainsi que faire des progrès auxquels il lui sera difficile d'atteindre d'ici à longtemps; mais ce qui est encore plus affligeant, c'est que jusqu'à ce qu'elle y soit parvenue, cet empire des mers, auquel elle pourra alors prétendre de nouveau avec plus d'espoir de succès que jamais, appartiendra à l'Angleterre.

____

(1) « La vapeur est devenue une arme indispensable. La victoire restera à la nation qui aura en mer, non la plus grande quantité de canons, mais la plus grande force motrice. » (Journal le *Temps* du 17 août 1840.)

« Les bâtiments à vapeur ne tarderont pas à être
« des bâtiments de guerre redoutables, ou plutôt
« ils le sont déjà. Tout nous porte à croire qu'ils
« sont destinés à faire une révolution dans les fastes
« de la marine. *Malheur à la nation qui, en cas de*
« *guerre maritime, en serait dépourvue lorsque sa rivale*
« *en aurait;* SON COMMERCE SERAIT BIENTÔT DÉTRUIT,
« SES FLOTTES ANÉANTIES, ET JUSQU'A SES PORTS IN-
« SULTÉS SANS CESSE. »

C'était en ces termes que, dans la séance du 5
juillet dernier, à la tribune de MM. les pairs de
France, M. le baron THÉNARD proclamait une vérité
qu'il n'est plus permis à la France de méconnaître (1); et c'est dans le but ainsi que dans l'espoir
de l'en convaincre qu'on publie cet écrit.

(1) A la séance du 11 juillet, M. le général TIRLET s'exprimait
à ce même sujet avec encore bien plus de force (Voir ci-après,
page 15).

M. THIERS

ET L'ALLIANCE ANGLAISE. [1]

Si, pour la France, il est une alliance que la nature ait rendue contraire à l'extension et aux intérêts de son commerce maritime, ainsi qu'au développement et à la prospérité de ses principales manufactures... ; une alliance qui ne puisse être ni sincère, ni solide, ni durable....; une alliance enfin qui soit aussi moralement que généralement impopulaire dans l'esprit des Français.... c'est bien sans doute *l'alliance anglaise !*

Et cependant, telle est aujourd'hui la situation de la France envers l'Angleterre que, si cette alliance, ainsi qu'elle existe en ce moment et toute chancelante qu'elle est, venait à être subitement rompue, et cette rupture suivie aussitôt d'hostilités, non seulement le commerce maritime de la France serait infailliblement ruiné, et ses principales manufactures anéanties ; mais encore son littoral n'échapperait probablement pas aux suites désastreuses *d'un envahissement momentané* SOUVENT RÉPÉTÉ !

[1] Quelques-unes des notes qui vont être indiquées dans cet écrit seront transportées à la fin, parce que l'étendue qu'il a fallu leur donner, en raison de leur importance, aurait nécessairement détourné trop longtemps l'attention du lecteur de l'objet auquel chacune d'elles serait dans le cas de se rapporter ; tandis que, *par ce renvoi*, elles en deviennent en quelque sorte une preuve annexée *en forme de chapitre spécial.*

Il est sans doute pénible ; je dirai même , il est cruel pour un Français, non seulement sincèrement attaché à son pays, mais surtout, *par patriotisme* antagoniste prononcé, pour ne pas dire ennemi déclaré de l'Angleterre, d'émettre de semblables assertions (1) ; mais aujourd'hui la France a trop besoin qu'on lui fasse entendre le langage de la vérité , et ce ne serait pas parce qu'on ne voudrait point lui laisser connaître le mal de sa situation, ou bien parce qu'on réussirait à la tromper sur la gravité de ce mal, qu'elle pourrait y remédier.

Examinons donc si ces assertions qu'on vient d'émettre, relativement au commerce maritime de la France et à ses principales manufactures, s'accordent avec la vérité, et si la situation dans laquelle se trouve son littoral à l'égard de l'Angleterre est aussi effrayante qu'on le prétend ici.

D'abord, quant aux opérations commerciales que la France fait par mer, sur mer et outre-mer, on conviendra, sans aucun doute, que si toutes les côtes du littoral français étaient *effectivement*, ainsi QU'HERMÉTIQUEMENT bloquées, ou bien seulement SI ELLES ÉTAIENT DÉCLARÉES EN ÉTAT DE BLOCUS, ce commerce serait tout aussitôt frappé de mort, puisque, dans le premier cas, aucun des navires qui y sont employés ne pourrait sortir du port où il ferait son armement, ni, s'il était déjà dehors, rentrer dans celui où il devrait effectuer son retour ; et que, dans le second cas, aucun navire marchand de quelque nation que ce pourrait être, ne voudrait courir le hasard d'une destination pour aucun port de France.

Quant aux manufactures françaises , attendu qu'on ne

____

(1) Note de renvoi A.

peut pas nier que la plus grande partie de celles qui constituent véritablement cette classe d'établissements en France ne reçoivent les premières ainsi que les principales matières qui servent à leur alimentation que par la voie du commerce maritime, on conviendra aussi que, dès que ce commerce cesserait de se faire, ces manufactures cesseraient de pouvoir travailler, et par conséquent seraient aussitôt anéanties.

Ainsi donc, pour prouver l'exactitude des assertions que je viens d'avancer relativement à ce commerce et à ces manufactures, *dans le cas d'une rupture entre la France et l'Angleterre*, il ne me faut que fournir des preuves qui soient incontestables, que, dans ce cas, l'Angleterre pourrait aussi facilement que promptement, effectivement et hermétiquement, bloquer le littoral de la France.

Or, ces preuves je vais les donner, en les puisant d'abord dans l'état actuel de la marine française, tant au personnel qu'au matériel, *comparé* à celui de la marine anglaise sous ces deux rapports ;

Secondement, dans l'état où se trouve en Angleterre et en France la navigation faite au moyen de la vapeur.

Quant aux premières de ces preuves, il serait possible qu'en raison de *l'indifférence*, et il faut le dire de L'IGNORANCE dans lesquelles, en France, on n'est que trop généralement plongé, relativement à ce qui concerne la marine, *puisque, à quinze lieues de nos côtes qui sont si belles et si étendues, on ne sait que par ouï-dire ce que c'est que marine et vaisseau,* (1) on voulût contester une partie de celles qui vont être présentées (2) ; mais cependant il sera impossible de nier, puisque ce sont ou bien des faits authentiques, ou

(1) Journal *le Siècle* du 22 juillet 1839
(2) Voir la note de renvoi B.

bien des documents officiels, et souvent de ces faits appuyés sur de ces documents.

Premièrement que (*quant au personnel* de la marine française), attendu que le commerce maritime de la France n'emploie guère que quarante à quarante-cinq mille marins susceptibles d'être appelés au service actif de l'armée navale, cette armée, dans le cas d'une guerre sur mer, ne pourrait disposer que de ce très petit nombre de marins ; tandis que (*quant au personnel* de la marine anglaise), attendu aussi que le commerce maritime de l'Angleterre emploie plus de cent soixante mille marins, *mais surtout attendu que dans ce royaume la presse n'est point abolie,* la marine anglaise, dans ce cas supposé d'une guerre sur mer, pourrait disposer de ce nombre de marins qui est trois fois plus considérable que celui de la France. (1)

Secondement que (*quant au matériel des deux marines*), il est certain qu'en Angleterre, depuis 1814 jusqu'à ce jour, on a mis à l'eau au moins *quarante* vaisseaux (2)..., tandis qu'en France, pendant le même laps de temps, il n'en a été lancé que TREIZE (3)... ; qu'aujourd'hui ce premier élément matériel d'une véritable force navale est tellement réduit en France, qu'il ne se trouve dans les quatre ports militaires de Brest, Rochefort, Lorient et Cherbourg, seulement que deux vaissaux susceptibles d'être armés (4), dont l'un

(1) Voir la note de renvoi C.

(2) Dans un travail que j'ai fait, j'ai suivi l'état des vaisseaux de la marine anglaise depuis 1806 jusqu'à ce jour, en le prenant dans les listes de la marine *de deux ans en deux ans.* C'est dans cet état que, non seulement je trouve ce nombre de vaisseaux mis à l'eau en Angleterre, mais encore que j'en puis présenter la date de la mise en chantier et celle de la mise à l'eau.

(3) Voir la note de renvoi D.

(4) Depuis que cet écrit est rédigé on a reconnu qu'il y en avait un troisième, *le Jemmapes,* sorti des chantiers de Lorient depuis le com-

le Friedland, qui vient tout récemment d'être mis à l'eau dans ce dernier port, ne pourra pas y terminer son armement avant cinq ou six mois ; et l'autre, *l'Inflexible*, qui, mis à l'eau depuis environ huit mois au port de Rochefort, ne peut pas encore achever le sien quoique, aussitôt sa sa mise à l'eau, l'ordre ait été donné d'y procéder avec activité (1) ; tandis que l'Angleterre, dans ses ports de Portsmouth, de Plymouth, de Chatham et de Sheerness en possède encore plus de quarante susceptibles d'entrer en armement d'un instant à l'autre !... (2) que la France ne peut pas parvenir à compléter, tant au matériel qu'au personnel , l'armement *des dix-huit vaisseaux de ligne* qu'elle a dans la Méditerranée (3), et qui, si on laisse de côté les trois vaisseaux nouvellement mis à l'eau qu'on vient de nommer, sont la totalité de ce qu'elle en possède qui soient susceptibles de faire campagne dans les mers au-delà du détroit de Gibraltar (4), tandis que l'Angleterre en compte aujourd'hui à la mer, dans ses stations de la Méditerranée, des Indes Occidentales, et des Indes Orientales PLUS DE VINGT-CINQ complétement armés et équipés !... enfin que la France, si elle était subitement attaquée soit sur ses côtes, soit à l'entrée de ses ports, n'a pas seulement,

mencement de l'année ; mais, en résultat, cette augmentation est trop minime pour qu'elle apporte aucun changement sensible à ce qui est déjà ou bien sera ci-après dit à ce sujet dans cet écrit.

(1) Voir la note de renvoi E.

(2) Voir la note de renvoi F.

(3) Voir la notre de renvoi G.

(4) On peut juger de l'exactitude de cette assertion lorsqu'on considère que sur les dix-huit vaisseaux qui composent l'escadre de la Méditerranée il y en a neuf qui comptent plus de vingt-six ans d'âge, et qu'il vient d'être reconnu que les frégates *la Melpomène* et *l'Indépendante*, dont l'armement avait été ordonné le mois dernier, et qui ne comptaient que douze ans de mise à l'eau, ne peuvent pas être armées sans subir des réparations qui dureront plus de six mois (*Journal du Commerce* du 29 septembre).

pour chacun de ses arsenaux militaires et encore bien moins pour chacun de ses ports du commerce, *une canonnière* qui puisse en protéger la rade ou l'entrée (1) ; tandis que, sous ce dernier rapport, le gouvernement anglais est à l'abri de toute crainte, puisque sur la rade de chacun de ses ports militaires, il y a au moins un vaisseau à trois ponts de garde !

Or, je le demande (lorsqu'il est incontestable pour tout individu qui a quelque connaissance en marine que tel est aujourd'hui l'état respectif des deux marines Française et Anglaise) *où* peut se trouver, dans le cas d'une guerre subitement déclarée par l'Angleterre, quelque sécurité pour le commerce maritime de la France ? lorsque surtout il serait exposé à voir, non seulement tout le littoral français, tant dans la Manche que dans le golfe et dans la Méditerranée, mais encore toutes les colonies françaises, être l'objet d'un blocus aussi effectif qu'hermétique par un effet de l'état où se trouve parvenue dans les deux royaumes la navigation faite au moyen de la vapeur ; lequel état va fournir les secondes preuves qu'on peut présenter que, dans le cas d'une guerre prochainement déclarée par l'Angleterre, le commerce maritime de la France serait infailliblement ruiné et ses principales manufactures anéanties.

En vain voudrait-on aujourd'hui se le dissimuler, ou bien n'en pas convenir, dorénavant les guerres maritimes ne se feront plus seulement avec des vaisseaux de haut bord, et encore moins avec des escadres nombreuses !

Bien certainement le moment n'est pas encore arrivé où ces vaisseaux et ces escadres seront ABSOLUMENT dans le cas de ne plus servir pour ces guerres, et

(1) Voir la note de renvoi II.

est même fort douteux que jamais ce moment arrive ; ce qui d'ailleurs serait très malheureux sous plus d'un rapport dont ce n'est pas ici l'occasion de s'occuper ; mais ce dont il n'est plus permis de douter, c'est que, dès ce moment, la navigation faite au moyen de la vapeur diminue non seulement le besoin de ces vaisseaux ainsi que de ces escadres, mais encore leur importance et *surtout leur force;* parce qu'il est certain qu'une frégate à vapeur, ayant une machine et une artillerie aussi fortes que celles qui sont maintenant à bord de plusieurs frégates déjà possédées par l'Angleterre, ne craindra jamais un vaisseau de ligne de quelque force qu'il pourrait être lui-même, *à moins d'une surprise improbable;* et parce que je n'hésite pas à prétendre que vingt-cinq frégates semblables qui seraient réunies, non seulement ne pourraient jamais être battues par vingt-cinq vaisseaux de ligne composant une armée navale, fussent-ils tous de cent vingt bouches à feu, mais encor que si ces frégates étaient bien manœuvrées elles finiraient par réduire ces vaisseaux.

Or, comme l'Angleterre possède déjà près de neuf cents bâtiments à vapeur (1), dont à peu près *trois cents* naviguent tant sur les côtes de l'Angleterre, de l'Irlande et de l'Ecosse que sur l'Océan Atlantique et jusques dans les mers des Indes Orientales ; et comme il est évident que le plus grand nombre de ces trois cents derniers bâtiments à vapeur sont non seulement susceptibles de venir naviguer sur toutes les côtes de France, tant dans la mer Océanienne que dans la mer Méditerranée ; mais le sont encor de porter une petite artillerie qui, ne fût-elle que de deux caronades du calibre de 12, serait toujours plus forte que celle embarquée sur un navire de

______

(1) Voir la note de renvoi I.

commerce en temps de paix; ils s'ensuit évidemment que, dans le cas d'une rupture entre la France et l'Angleterre, ce nombre de bâtiments à vapeur *alors armés* serait plus que suffisant pour bloquer, aussi effectivement qu'hermétiquement, tous les ports français situés en France, et même ceux principaux des Colonies françaises ; et que, par conséquent, le commerce maritime de la France serait subitement et d'un seul coup ruiné en même temps que les principales manufactures françaises seraient anéanties !

Quant aux suites désastreuses d'un envahissement momentané et fréquemment répété, auquel le littoral de la France serait exposé dans ce cas d'une guerre avec l'Angleterre, on va voir qu'elles seraient aussi possibles que probables, et surtout inévitables.

Aujourd'hui l'Angleterre possède déjà au moins cinq ou six frégates à vapeur portant des canons du calibre de 80 ainsi que des mortiers de dix pouces, et qui, indépendamment de leurs équipages, sont susceptibles de recevoir à leur bord chacune sept à huit cents hommes de débarquement (1); de plus, le nombre de ces bâtiments va être incessamment beaucoup augmenté, puisque les compagnies qui ont traité avec le gouvernement pour être chargées du transport fait avec des bâtiments à vapeur, des malles anglaises, tant dans la Méditerranée que dans l'Atlantique, sont obligées par leur traité de n'affecter à ce service « que des bâtiments d'au moins mille tonneaux, et susceptibles de porter des canons du plus fort calibre embarqués à bord des bâtiments de guerre à vapeur « (*able to carry guns of the largest calibre used on board of steam vessels of war*).

(1) Voir la note de renvoi K.

Or, dans l'hypothèse d'une guerre entre l'Angleterre et la France, quel serait l'obstacle à ce que, sur quelques-unes de ces nombreuses plages qui existent le long du littoral depuis Dunkerque jusqu'à Bayonne, ainsi que dans la Méditerranée, et qui ne laissent pas que d'offrir un débarquement facile, lorsque surtout il ne serait pas attendu ; quel pourrait être, dis-je, un obstacle insurmontable à ce que l'Angleterre expédiât à CHAQUE INSTANT trois ou quatre de ces frégates, chacune avec sept à huit cents hommes à son bord, pour faire un de ces débarquements, non pas certainement dans le but de conquérir, et encor moins de conserver les points de la côte sur lesquels ils seraient faits, ni avec l'intention d'en profiter pour pénétrer dans le pays, mais seulement avec celle de dévaster et peut être de piller ou brûler pendant quelques heures ces points de la côte, avant de se rembarquer ?

Eh qu'on ne croie pas que la crainte de pareilles incursions ni leur possibilité n'existent que dans une imagination ridiculement effrayée !

Déjà *le Journal du Commerce*, à la date du 1er février dernier, en annonçant que le commerce maritime de l'Angleterre possédait six à sept cents bâtiments à vapeur, déclarait « que ces bâtiments en temps de guerre pourraient être armés et *jetés sur nos côtes où ils porteraient la dévastation.* »

Le Journal anglais « *the Morning Chronicle* » du 17 mars suivant, en réfutant « la gasconade » (*the gasconading article*) qui avait paru dans le *Journal des Débats* trois jours auparavant (le 14), s'exprime en ces termes :

« L'Angleterre n'a rien à craindre, on peut en être bien sûr, d'une guerre entre les deux pays, dût-elle être déclarée comme un coup de foudre; ce qui n'est point probable attendu qu'une guerre de plume précède toujours pendant quelque temps la guerre d'épée.

« Tout aussitôt il sortirait de tous les ports d'Angleterre, comme par enchantement, un essaim de bâtiments à vapeur, armés en lettres de marque, qui non seulement balaieraient sur l'Océan tous les navires marchands de l'ennemi, mais encore feraient des incursions et se livreraient au pillage (*creep into and pillage*) dans toutes les baies et les rades de la côte ennemie. Quelque égalité qu'il pourrait y avoir entre le nombre ainsi que la force des bâtiments à vapeur qui font aujourd'hui partie de la marine mllitaire de chacune des deux nations, nous en avons, dans nos bâtiments à vapeur appartenant à la marine marchande, une réserve qui non seulement serait suffisante pour écraser les marines de toute l'Europe, fussent-elles réunies contre nous, mais encore qui pourrait être entièrement et complètement armée en moins de trois ou quatre semaines.

« La première guerre à venir sera une guerre à vapeur, et quelque sagesse qu'il puisse y avoir à nous procurer ainsi qu'à nous conserver une marine militaire à vapeur respectable en temps de paix, notre principale ressource à cet égard, pour le temps de guerre, serait dans la marine à vapeur du commerce *qui se trouverait à la disposition du gouvernement dès qu'il en aurait besoin.* »

Tel était l'avertissement qui, dès cette époque, était donné par les Anglais eux-mêmes à la France à laquelle, après que, le 4 juillet, M. le baron THENARD eût tenu le langage cité dans l'introduction à cet écrit, M. le général TIRLET, à la même tribune de MM. les Pairs de France, sept ou huit jours après (le 11) , faisait entendre ces paroles qui n'ont été ni relevées ni combattues par aucun membre de la noble Chambre, dans laquelle il ne manque cependant pas d'officiers-généraux de l'armée de terre, ni d'officiers-amiraux, ni de membres du conseil d'amirauté.

« Avant les bâtiments à vapeur, » a dit le général Tirlet, « l'opération d'un débarquement était toujours fort aventureuse. Il fallait des plages aisément abordables ; les vents et les marées ne devaient pas mettre obstacle à la mise à terre et au réembarquement des troupes expéditionnaires. Sous un tel état des choses, les batteries, construites pour la défense des côtes n'avaient en général, que la condition de mettre les servants et le matériel à l'abri des boulets de l'ennemi ; et un grand nombre de ces batteries n'étaient point fermées du côté de terre. La marine à vapeur a changé les données de ce problème. Les bâtiments à vapeur peuvent aborder et se retirer malgré les vents et les marées contraires, et offrir en tout temps une retraite assurée aux troupes débarquées. Quelques détachements jetés à terre par des bâtiments à vapeur tourneraient aisément des batteries ouvertes, s'en empareraient, et détruiraient impunément le matériel.

« La marine à vapeur, a continué de dire le général Tirlet, a pris, depuis quelque temps, un si grand développement en Angleterre que cette puissance pourrait disposer de plus de moyens qu'il n'en faudrait pour amener en quelques heures sur nos côtes de puissantes armées qui porteraient la destruction dans nos provinces et nos grands établissements maritimes.

Il existe, a encore ajouté le général Tirlet, *dans le*

vaste et magnifique établissement de Woolwich, le matériel nécessaire à l'armement d'une armée de trente mille hommes réunis dans des magasins et disposé de mani er à être embarqué au premier ordre sur la Tamise aux portes de l'arsenal ! »

Bien certainement ce passage du discours du général TIRLET méritait quelque attention; et cependant il est à remarquer que PAS UN SEUL des journaux quotidiennement publiés dans Paris n'en a fait la plus légère mention ! !

Tant il est vrai que, lorsqu'il s'agit de la marine, la presse quotidienne de la Capitale n'apporte que l'indifférence la plus affligeante; pour ne pas dire LA PLUS COUPABLE !

Aussi la France éprouve-t-elle aujourd'hui les effets qui en sont inévitables ! ! !,

Comme on le voit, je ne suis donc pas le seul, ni le premier à admettre qu'il serait possible à l'Angleterre de faire à l'avenir de fréquentes invasions sur le littoral de la France ; mais il y a quelque chose d'encore bien plus important et plus inquiétant à faire connaître à ce sujet.

C'est que, si on n'a pas la certitude que de semblables incursions soient déjà un projet arrêté par le gouvernement Anglais, on ne peut cependant pas douter qu'elles ont été pour lui un objet de contemplation; et en voici la preuve :

L'année dernière, le parlement Anglais a ordonné qu'une commission nommée par l'amirauté fût chargée d'explorer la côte sud-est de l'Angleterre, depuis la Tamise jusqu'à Douvres, afin de déterminer les points de cette côte sur lesquels il serait possible d'établir des ports

de refuge qui seraient destinés à servir de stations *pour les bâtimens à vapeur* ARMÉS *dans le cas d'une guerre;* et qui rempliraient la condition indispensable qu'on pourrait y entrer à toute heure de la marée. « (The situa-
« tion best calculated for harbours of refuge and as stations
« for armed steam vessels in the event of war, confining
« to harbours for these latter objects the necessary condi-
« tion of being accessible at all times of tide) ! »

Telles sont les expressions consignées dans le rapport fait à l'amirauté par les commissaires qui ont été chargés d'explorer la côte dont il s'agit, qui ont commencé cette exploration au printemps de cette année, et qui, n'ayant pas trouvé sur cette côte de ports remplissant les condi- tions exigées, ont proposé d'en créer, au moyen de digues élevées à peu près comme celle de Cherbourg, trois spé- ciaux dans des anses désignées où ils pourraient avoir une étendue de trois cents acres carrés ; (1.) et au moins six pieds d'eau à la basse mer des mortes marées » (*six feet of water at the lowest neap tides*) (2).

Voilà, sans doute, assez de preuves incontestables que si l'alliance, en admettant toutefois qu'on puisse ou bien qu'on doive donner ce nom à la bonne intelligence qui existe entre la France et l'Angleterre, venait à être subite- ment rompue, et cette rupture suivie d'une déclaration de guerre, *le commerce maritime de la France ne pourrait pas manquer d'être ruiné;* SES PRINCIPALES MANUFACTURES FORCÉES DE CESSER DE TRAVAILLER, et SON LITTORAL EXPOSÉ A DE FRÉQUENTES INVASIONS ! !

« Mais, » vont s'empresser de dire les hommes incapa- bles d'apprécier l'état actuel de la marine française, *si on*

(1) D'après M. le baron Ch. Dupin l'acre carré anglais est les 4|10 d'un hectare français.

(2) Note de renvoi L.

le compare à celui de la marine anglaise, mais surtout les progrès faits dans la navigation à la vapeur en Angleterre, *comparés* à ceux faits par la France, « il n'y a pas à craindre que le gouvernement anglais puisse se déterminer, en ce moment, à déclarer la guerre à la France! »

« Ce gouvernement a bien autre chose à faire, » continueront de dire ces hommes qui, par l'indifférence qu'ils n'ont point cessé de porter à la marine française DEPUIS VINGT-SIX ANS, sont ceux qu'on doit accuser aujourd'hui, ET QUI SONT LES VÉRITABLES COUPABLES de la situation dans laquelle la France se trouve envers la Grande-Bretagne ; « celle-ci, » ajouteront-ils, « n'a-t-elle pas *ses Chartistes* en Angleterre ; *ses O'connellistes* en Irlande ; ses troubles dans le Canada ; sa guerre avec la Chine ; et enfin *ses projets dans l'Orient ?* »

Bien certainement je suis loin de contester que ces embarras ne doivent être très lourds pour l'Angleterre; mais en quoi ou bien pourquoi seraient-ils pour elle un obstacle à ce qu'elle déclarât la guerre à la France ?

D'abord, quant aux *Chartistes*, non seulement elle ne craindrait pas que la France aille leur porter aucun secours soit personnel, soit matériel, puisque, dans ce qui précède, on a vu que les côtes et les ports de la France seraient si hermétiquement bloqués qu'il n'en pourrait sortir aucun navire, et encore moins une expédition portant des troupes de débarquement ; mais de plus il ne faut pas se dissimuler que si le gouvernement anglais en était effectivement trop embarrassé, on peut être bien assuré qu'il s'en déchargerait aussi facilement que promptement du fardeau, au moyen de la déclaration de guerre qu'il ferait à la France, parce qu'il est certain que les Anglais d'aujourd'hui sont ce qu'étaient les Athéniens du temps de **Périclès** qui, lorsqu'ils se divisaient entre eux, provoquait une guerre et les ralliait contre l'ennemi commun (1).

Quant aux *O'connellistes*, l'Angleterre a encore plus de motifs d'être rassurée à leur égard, ne fût-ce que parce que cette île est plus éloignée de la France que ne l'est l'Angleterre, *et parce que la France n'est pas très Papiste.*

Quant aux *insurgés du Canada*, quel secours la France pourrait-elle leur porter, lorsqu'elle ne peut pas envoyer à *Rio de la Plata* une force, tant de terre que de mer, suffisante pour aider la république argentine, qui est devenue son alliée contre le directeur *Rozas*, à mettre un terme au blocus de cette rivière, dont la durée, qui approche de sa troisième année, est, *elle seule*, une preuve manifeste de la faiblesse de la marine française.

En vain allèguerait-on que le peu d'eau qui se trouve à l'entrée de cette rivière empêche la France d'y envoyer des vaisseaux, et ne lui permet d'y employer que des frégates : cette allégation ne serait point fondée aujourd'hui, puisque les ports de *Montevideo et de Maldonado*, dépendants de la république argentine et peu éloignés de Buenos-Ayres, sont susceptibles d'en recevoir.

Quant *à la guerre avec la Chine*, l'Angleterre sait très bien que, puisque la France ne peut envoyer dans ces mers que de temps en temps une frégate pour y faire voir le pavillon français, ce ne sera pas elle qui sera dans le cas de s'opposer à ce qu'elle s'empare de *l'île Formose* qu'elle convoite depuis longtemps et dont la conquête sera pour elle, non seulement à l'égard de la Chine ce que Gibraltar

____

(1) « En Angleterre, il n'y a plus de nuances d'opinion, dès que se présente la question qui domine toutes les autres. Whig, tory, radical, c'est tout un. Tout le monde est d'accord quand il s'agit de nuire à la France. » (M. le duc de **Fitz-James**, séance du 31 mars 1836).

lui est à l'égard de la Méditerranée ; mais encore, sinon un point de domination absolue sur cet empire, au moins auprès de lui un dépôt et un foyer de contrebande commerciale qui finira par lui être plus avantageuse que ne lui a été jusqu'à ce jour un commerce légitimement fait par une compagnie privilégiée (1)!

Resterait donc, pour motif à l'Angleterre de ne pas déclarer la guerre à la France, la question de l'*Orient*, ou pour parler plus justement la question de l'EGYPTE ; car, pour l'Angleterre, on peut être bien certain que c'est là que gît véritablement la question de l'Orient dont il s'agit aujourd'hui.

Eh bien ! c'est précisément, selon nous, relativement à cette question que le gouvernement anglais serait assuré de trouver, dans une guerre déclarée à la France, tous les avantages qui pourraient le déterminer à rompre aujourd'hui ses liaisons avec elle, parce que si l'Angleterre n'obtenait pas de la France un acquiescement aussi formel qu'entier à ses projets sur l'Egypte, ce gouvernement alors n'aurait plus de scrupules, et il éprouverait encore moins de difficultés pour contracter avec la Russie une alliance qui, il y a quelques mois, paraissait aux rédacteurs de *la Gazette* assez menacer l'avenir de la France pour leur faire tenir le langage suivant :

« Il faut le dire, en effet, puisque nous avons promis de ne rien cacher, le rapprochement de l'Angleterre et de la Russie met la politique européenne sur le chemin d'un partage de l'Orient dont la France serait exclue ; et si le partage de la Pologne, *sous Louis XV*, a été pour la France une honte politique et un affaiblissement moral, le partage de l'Orient serait le prélude, notre bouche se refuse à

____

(1) Note de renvoi M.

prononcer ce mot odieux contre lequel nous protestons de toutes les puissances de notre âme, le partage de l'Orient serait le prélude du partage de la France, qui s'effectuerait dans un temps donné ! !

« Le partage de la Pologne, consommé sous le règne de *Louis XV*, fit passer la France de la grandeur vers la décadence ; *le partage de l'Orient serait un pas de fait par la France vers son tombeau* (1).

Certainement, je suis bien convaincu que, par les effets de la mauvaise direction qui a été donnée à la marine française pendant les seize années de la restauration, et de la direction encore plus mauvaise que cette marine a subie depuis 1830, LA FRANCE, *placée aujourd'hui en face de l'Angleterre*, N'A POINT D'ARMÉE NAVALE PROPREMENT DITE (2)! Mais, néanmoins, je suis très éloigné d'avoir les mêmes craintes que MM. les rédacteurs *de la Gazette* ; parce que je suis encore plus intimement convaincu que la France sera toujours assez forte pour faire sentir aux Monarques de l'Europe qu'elle ne manquera jamais de fer, de bras ni de courage, non seulement pour faire respecter son indépendance et la conserver, mais encore pour aller ébranler leurs trônes jusques dans leurs fondements, avec le levier, de cette liberté pour laquelle elle a combattu depuis près de cinquante ans, et dont elle n'est aucunement disposée à se laisser ravir la conquête qu'elle en a faite en versant des flots de sang français ! !

Néanmoins, je le demande, si l'alliance entre la France et l'Angleterre venait à être rompue, et si tout aussitôt

(1) Deuxième des articles publiés dans la *Gazette de France*, les 10 et 11 février dernier, SUR LES CAUSES ET LES CONSÉQUENCES DE LA RUPTURE B L'ALLIANCE ANGLAISE.

(2) Note de renvoi N.

ces deux puissances entraient en guerre l'une contre l'autre,... OU sont, et QUELS sont les moyens de la France pour résister au premier choc de cette guerre maritime?

En vain voudrait-on se le dissimuler, ou bien le contester, ce choc, quelque momentané qu'il pourrait être, et que bien certainement il serait, non seulement terrible pour la France, mais encore lui ferait une blessure qu'elle aurait beaucoup de peine à guérir parfaitement.

Telle est aussi exactement que malheureusement et incontestablement l'affligeante situation dans laquelle la France se trouve aujourd'hui placée envers l'Angleterre, sous les rapports 1º de la sécurité de son commerce maritime; 2º de l'existence de ses principales manufactures; 3º des suites désastreuses qu'entraîneraient des incursions momentanément et fréquemment faites sur son littoral (1)!.. situation qui (on ne saurait trop s'efforcer de le faire connaître), n'est due qu'à l'abandon dans lequel la marine française n'est tombée que par l'indifférence (pour ne pas dire toute la vérité), que la presse en France, et particu-. lièrement celle de Paris, n'a point cessé de lui porter depuis vingt-six ans!!... situation enfin qui bien évidemment défend aujourd'hui au gouvernement français de rompre l'alliance existant en ce moment entre la France et l'Angleterre, ne fût-ce que dans la crainte que celle de l'Angleterre avec la Russie ne lui fût promptement substituée!!!

(1) Lorsque cet écrit aura subi l'examen, ou, si l'on veut, la critique de la presse quotidienne, je ne tarderai probablement pas à en faire paraître un autre, dans lequel j'indiquerai les moyens que, selon moi, la France devrait et pourrait employer, non-seulement pour ne rendre que momentané ce succès de l'Angleterre, tout inévitable qu'il est pour la France, mais surtout pour qu'elle puisse ne pas être trop long-temps sans en tirer vengeance.

Justice soit donc rendue à M. THIERS pour le langage qu'il a tenu à la tribune de MM. les Députés dans la séance du 13 janvier dernier !

M. THIERS n'est point marin , n'est point négociant, n'est point manufacturier , n'est point militaire ! Il serait donc déjà excusable de n'avoir pas reconnu cette situation dans laquelle je ne crains que trop d'avoir prouvé que la France se trouve placée envers l'Angleterre sous ces quatre considérations ; et cependant, il l'a assez exactement appréciée comme elle doit l'être, pour avoir eu le courage patriotique d'assumer sur lui-même l'impopularité qu'il ne pouvait pas manquer d'encourir, et qui ne lui a pas été épargnée, d'oser déclarer aussi publiquement que hautement « *qu'il était partisan de l'alliance anglaise; et qu'au moment où il parlait*, *l'Angleterre était* L'ALLIÉE NÉCESSAIRE *de la France*! (1) »

Justice lui soit donc d'autant plus rendue, pour avoir tenu ce langage, que de suite, comme un bon et véritable Français, il a ajouté : « *Mais nous ne sommes pas réduits à ne compter que sur une seule puissance, nous pouvons trouver des appuis de plus d'un côté, et* LORS MÊME QU'IL NE NOUS RESTERAIT QUE NOUS SEULS, NOUS SERIONS ENCORE ASSEZ FORTS !!! » (2)

(1) Séance de la Chambre des Députés, telle qu'elle est rapportée au *Moniteur* du 14 janvier dernier.

(2) Même séance.

NOTES DE RENVOI.

A. *Preuves que l'éditeur de cet écrit est loin d'être* ANGLO-MANE.

L'éditeur de cet écrit a d'autant plus de droits à ce qu'on le croie sincère à cet égard, qu'il s'est à peine écoulé trois ans depuis que, dans le journal *la Presse* (1), il avait obtenu l'insertion d'un article où il prétendait, et où il croit avoir prouvé « que la nature avait tout fait en faveur de la France pour « qu'elle fût la première puissance maritime de l'univers; « tandis qu'elle avait refusé à l'Angleterre les moyens d'être « seulement l'*égale* de la France à cet égard. »

Mais il y a trois ans, l'Angleterre faisait encore *naviguer à la voile* vingt-cinq mille navires marchands qui, DANS LE CAS D'UNE GUERRE SUR MER, couraient les risques de devenir la proie des croiseurs français, lorsque la France n'en exposait pas seulement mille au même danger de la part des croiseurs anglais !... L'Angleterre n'avait pas encore donné la liberté aux esclaves de ses nombreuses, vastes et riches colonies, susceptibles alors d'être un objet de convoitise pour la France qui, aujourd'hui, n'en voudrait pas quand bien même elles lui seraient offertes !... L'Angleterre n'avait pas encore acquis la conviction qu'il était possible de faire naviguer, sur l'Océan et jusques dans les mers de l'Inde, des navires marchands à vapeur jaugeant plus de deux mille tonneaux et ayant la force de quatre et cinq cents chevaux !... L'Angleterre n'avait point

(1) 17, 27 et 29 mai 1837.

encore construit de frégates à vapeur ayant une force de plus de trois cents chevaux, et portant des bouches à feu du calibre de plus de 80!... Enfin, on ne devait pas s'attendre à ce que la France verrait l'Angleterre faire tous les incroyables progrès qu'elle a faits dans la navigation au moyen de la vapeur, sans chercher à l'y devancer, *ni seulement tâcher de l'y suivre!*

B. *Motifs d'après lesquels il y aurait à craindre qu'on voulût contester, au moins en partie, les preuves qui vont être données de l'état actuel de la marine française* COMPARÉ *à celui de la marine anglaise.*

Il y a d'autant plus à le craindre que, depuis un certain temps, sans qu'il soit possible d'en découvrir aucune cause raisonnable, la *Presse* de Paris n'a point cessé de prétendre que la marine française était au moins égale, et même qu'elle était supérieure à la marine anglaise!

En voici quelques preuves qui pourraient être multipliées à l'infini, mais qui ne seront présentées en si petit nombre, que pour qu'on puisse juger jusqu'à quel point la France est induite en erreur à cet égard.

Le journal *le Commerce*, dont cet objet est cependant une spécialité, le 26 janvier 1837, s'exprimait en ces termes : « Veut-on savoir ce que c'est que l'intérêt de la navigation marchande de la France? Ouvrons les tableaux statistiques pour 1830, publiés par l'administration des douanes, et nous y voyons qu'il est entré en France *cent un mille quatre cents navires français*, représentant trois millions quatre cent trente-six mille huit cent dix-huit tonneaux et MONTÉS PAR QUATRE CENT QUARANTE HUIT MILLE SEPT CENT TROIS HOMMES D'ÉQUIPAGE! Nous y voyons qu'il est sorti de France *quatre-vingt-dix-neuf mille huit cent treize navires français*, composant trois millions, quatre cent soixante-dix mille neuf cent vingt tonneaux, et qui ont donné du travail, du pain, et un utile exercice à QUATRE CENT VINGT-UN MILLE, NEUF CENT QUATRE-VINGTS MARINS!!!

Le journal *le Capitole*, des 24 et 26 octobre de l'année dernière, prétendait « que l'Angleterre n'a plus que des restes impuissants de sa marine militaire!... » « qu'elle n'est qu'une puissance navale nominale par l'absence de bras et de vaisseaux !... » « que dans un mois notre flotte de l'Orient excèderait d'un ou deux vaisseaux toute sa force navale disponible !..» « que nous pourrions défier l'Angleterre de présenter en bataille, en faisant appel à toute l'activité de ses chantiers quinze vaisseaux en état de soutenir le choc de notre escadre du Levant!!! »

Ce même journal, le 28 du mois *de juillet dernier*, s'exprimait de nouveau en ces termes : « Notre marine compte en ce moment huit cents bouches à feu dans la Méditerranée ; l'Angleterre n'en a pas cinq cents... » « Matériel et équipages, la flotte française *est supérieure* de beaucoup en qualité à la flotte anglaise... » « Notre flotte qui, depuis plusieurs années, a été employée au transport des troupes en Afrique, brûle d'entrer en action, d'imiter l'armée de terre ; et il lui reste sur le cœur bien des affronts à venger. . » Ce qui n'est pas moins vrai, c'est que l'Angleterre ne possède pas *en Europe* quinze navires à vapeur *pouvant se classer dans la marine militaire* : et ce qui est tout aussi vrai, c'est qu'elle serait dans l'impossibilité d'envoyer dix de ces navires dans la Méditerranée !!!

Le journal *Outre-Mer*, du 27 au 30 janvier dernier, présentait un état comparatif des forces navales de la France et de l'Angleterre qu'il terminait ainsi : « En navigation par la vapeur pas plus qu'en navigation à voiles, on ne trouve la France bien pressée de céder à l'Angleterre la supériorité maritime que celle-ci veut apporter dans la balance de son alliance ! »

Le journal *le Temps*, du 5 mars dernier, et d'après lui presque tous les journaux de Paris du lendemain annonçaient « que la marine française est aujourd'hui composée de trois cent cinquante bâtiments de guerre, pouvant porter plus de dix mille bouches à feu et dont font partie *quarante-six* vaisseaux, *cinquante-six* frégates ! mais ces journaux ne faisaient pas remarquer que, dans chacun de ces deux nombres, il y en a plus de la moitié qui ne sont que sur les chantiers !

Le journal *le Siècle*, du 25 février dernier, prétendait « *que tous nos vaisseaux armés sont neufs*, » lorsque l'état de ces bâtiments tel qu'il est présenté au dernier budget de la marine, fait voir que sur les dix-sept vaisseaux qui sont armés à Toulon, il y en a huit qui ont été mis à l'eau sous le règne de l'Empereur! et le 16 mai suivant, il publiait « que la France a plus de bâtiments à vapeur armés que n'en ont l'Angleterre et les États-Unis ensemble! »

Dès les premiers jours du mois d'août, tous les journaux de la Capitale ont annoncé «que l'ordre était donné dans les ports, de compléter l'armement *de vingt-cinq vaisseaux!* » Lorsque dans l'état annuaire de la marine pour le 1er janvier de cette année, et dans le projet du budget pour 1841, on trouve que le matériel actuel de la flotte n'en comporte que VINGT-QUATRE A FLOT, en y comprenant les trois mis à l'eau depuis sept à huit mois; et nonobstant que, sur ces vingt-quatre vaisseaux, il y en a deux, le *Nestor et la Couronne,* à l'égard desquels on lit AU MONITEUR du 12 septembre de l'année dernière, « que, par une dépêche télégraphique du 5 de ce mois, le Ministre de la marine a autorisé le remplacement par les vaisseaux *la Ville de Marseille* et *le Scipion,* des vaisseaux *le Nestor* et *la Couronne* dont l'armement avait été prescrit sur la désignation qui en avait été faite par la direction des constructions navales; parce qu'en les visitant plus tard on s'était convaincu qu'il y avait trop de réparations à leur faire! »

Les journaux *le National, l'Univers, la France,* et jusqu'au *Constitutionnel,* dans leurs feuilles du 3 au 5 du mois de septembre, ont de nouveau présenté un état nominatif ainsi que numérique des forces navales de la France en les exagérant au point d'y comprendre comme forces navales *dès aujourd'hui effectives,* non seulement on ne pourrait dire combien de vaisseaux et de frégates qu'on n'aurait pas les moyens de faire sortir de dessus les chantiers d'ici à deux ans au plutôt, mais surtout jusqu'à des bâtiments à vapeur devant avoir des machines de la force de 450 chevaux, lorsqu'il est de toute notoriété, rendue manifeste par le budget de la marine présenté pour l'exercice 1841, qu'au mois de février dernier il n'y avait pas un seul de ces bâtiments dont la construction de la coque et la machine fussent commencées.

Enfin LE MONITEUR UNIVERSEL, autrement le journal spécial du gouvernement, le 27 juin dernier, a donné le discours prononcé par M. le baron Charles Dupin à la Chambre des Pairs, dans la séance de la veille ; et on y trouve que ce noble Pair n'a pas hésité à affirmer « que la France n'avait plus à craindre de voir à l'avenir ses côtes et ses ports bloqués ! »

M. le baron Dupin, qui est directeur honoraire des constructions navales, membre de l'amirauté, conseiller-d'état dans la section de marine, et un ancien Ministre de ce département, daignerait-il faire connaître pourquoi les côtes et les ports de la France ne pourraient pas être aussi bien bloqués *et surtout déclarés en état de blocus par l'Angleterre*, que l'ont été pendant longtemps par la France, les côtes ainsi que les ports du Mexique, et que l'est encore *depuis trois ans* le port de Buénos-Aires ?

C. *Etat comparatif du nombre des marins, dont en cas de guerre pourraient disposer les deux marines de France et d'Angleterre.*

Relativement au nombre des marins français qui est ici indiqué, voici comment M. MAREC sous-directeur du personnel au ministère de la marine, *où il est spécialement chargé de l'inscription maritime*, le donne dans son ouvrage intitulé : « *Dissertation sur un projet de code pénal pour la marine marchande.* »

Page 38 : « Sur les 56,000 officiers mariniers et matelots portés dans l'inscription maritime il y en a 38 ou 39,000 *éminemment propres au service de la flotte* : quant aux autres 17,000, il y en a 9 ou 10,000 qui, sans être pourvus de la même aptitude, pourraient encore y être employés. »

Ainsi donc l'inscription maritime ne présente guère que 50,000 hommes susceptibles d'être destinés au service de l'armée navale, auxquels pour prouver mes bonnes dispositions à ne pas injustement déprécier les ressources de la marine française j'ajouterai à peu près dix mille individus, provenant de la conscription servant, ou ayant servi dans les équipages entretenus : ce qui porte ce personnel de l'armée navale de la France *à tout au plus soixante mille hommes !*

Quant au nombre des marins anglais également indiqué ici, c'est dans un écrit publié en Angleterre au mois de mars dernier, *sous les auspices*, si ce n'est pas même *par l'ordre de l'Amirauté*, que je l'ai pris, comme suit :

Marins employés sur la flotte, sans y comprendre les soldats de marine et les mousses.   23,000

Marins employés dans la navigation marchande   167,000

Total des marins anglais proprement dits   190,000

A ajouter,

Pêcheurs en mer, (*fisher men*) bateliers aux embouchures des rivières et dans les ports (*water-men*).   150,000

Grand total A LA DISPOSITION DE LA PRESSE.   340 000

De plus,

Les statistiques des douanes Anglaises, pour les années 1836, 1837 et 1838, ont donné les états suivants :

« Nombre total d'hommes qui ont été employés dans la navigation des navires marchands appartenant aux différents ports de l'empire Britannique pendant les années :

1836. . . . . 170,637 hommes.
1837. 173,506   «
1838. 178,583   «

« Dans ces nombres sont compris depuis les Capitaines (*mosters*) jusqu'aux mousses (*Boys*). »

Ensuite,

Dans le *Journal du Commerce* du 22 de ce mois et à peu près dans tous les journaux de Paris du 23, on lit :

« On nous écrit de *Liverpool* à la date du 18 : L'Angleterre vient de donner un exemple à la marine française digne d'être imité : *en moins de quinze jours,* elle a complété un armement maritime de seize bâtiments de guerre, sans compter les bâtiments à vapeur qui viennent d'Espagne, et qui ont été mis en réquisition pour le service de l'Orient. Tous ces bâtiments ont obtenu leurs équipages d'une manière assez singulière. On a fait circuler des milliers d'affiches dans les rues voisines des bassins, et on a eu un soin particulier d'attirer les marins par des promesses d'argent, de conquêtes, et surtout en leur promettant bonne chère à bord sans beaucoup de travail. Cet armement à donc lieu sans que la presse en ait quelque connaissance, et ce n'est que quand les vaisseaux de guerre sont prêts à faire voile que le gouvernement s'empresse de publier ses intentions.... Il y a ici 36 bateaux à vapeur y compris ceux qui font la traversée d'ici à Dublin, à Corlk, à Belfort, et à Glascow ; et on compte 15,000 marins, tous capables de rentrer au service maritime SANS DÉLAI ! »

Enfin, dans tous les journaux anglais du 22 et du 23 courant, on lit : « Les journaux français font remarquer que le gouvernement anglais éprouve beaucoup de difficultés à se procurer les marins dont il a besoin ; mais c'est que les rédacteurs de ces journaux ne savent probablement pas, *qu'en temps de paix*, d'abord, les marins qui se présentent pour le service ne reçoivent point de prime d'engagement qui pourrait être pour eux une compensation de la différence entre leurs salaires à bord des bâtiments de guerre et ceux qu'ils reçoivent à bord des navires du commerce ; et ensuite que, pendant ce même temps, on ne peut exercer, à l'égard des marins anglais, ni conscription, NI PRESSE (*impressment*). (1) En ce moment notre navigation commerciale est tellement étendue, qu'elle emploie la presque totalité de nos marins : mais au fur et à mesure que leurs navires vont rentrer dans les ports, on doit s'attendre à les voir accourir au service. »

Ainsi, comme on le voit par ce qui précède, la marine anglaise est loin d'être aussi dépourvue de marins disponibles que l'est la marine française, et surtout encore plus loin de l'être autant qu'on ne cesse de le prétendre dans les journaux français.

A la suite de ces renseignements qui sont incontestables, relativement au personnel de la marine anglaise, on ne trouvera probablement pas déplacé le suivant qui est puisé dans la statistique des douanes citée ci-dessus, et qu'il peut être bon de connaître *pour le cas d'une guerre future.*

---

(1) D'où il suit sans doute qu'on peut encore l'exercer pour le cas de guerre, et c'est probablement ce qui vient d'avoir lieu à Liverpool.

État du nombre de navires employés dans la navigation commerciale de la Grande Bretagne dans les trois années suivantes :

En 1836. . 25820 navires jaugeant ensemble. 2,792,646 t.
    37. . 26039. 2,791,018
    38. . 26649. 2,890,601

D. *Observations sur le petit nombre de vaisseaux de ligne mis à l'eau en France depuis* 1814 *jusqu'en* 1840.

Le petit nombre de vaisseaux de ligne mis à la mer en France dans le cours des dernières vingt-six années, provoque quelques remarques qui ne laissent pas que d'être curieuses ; mais qui surtout sont bien propres à donner une première idée de la manière dont la marine française a été dirigée pendant tout ce temps.

La première, c'est que des *treize* vaisseaux qui ont été mis à l'eau dans le cours de cette période, il y en a HUIT qui avaient été mis sur les chantiers avant 1814, d'où il suit que parmi les vingt-quatre vaisseaux qui composent aujourd'hui cette partie essentielle de la marine française A FLOT, il y en a dix-sept dont l'origine date du règne DE L'EMPEREUR, que cependant jusqu'ici on n'a point encore cessé d'accuser d'avoir été ennemi de la marine ! ! !

La seconde, c'est qu'en 1820 M. le baron PORTAL, *de sinistre mémoire* pour la marine française, dont il avait alors le portefeuille, avait conçu un projet de budget *prétendu normal*, fondé sur un funeste système (1) qui depuis cette époque n'a cependant point encore cessé d'être glorifié dans les bureaux du ministère de la marine, comme étant celui qui pouvait le mieux convenir à entretenir les forces navales de la France sur un pied respectable ; et que d'après ce système, tout mauvais qu'il était, on aurait dû, dans l'intervalle des vingt années qui se sont écoulées depuis son origine, avoir mis à l'eau quarante vaisseaux tandis qu'il n'en a été mis que treize !

La troisième, c'est que, dans le journal *Outre-mer*, du 14 au 16 février dernier, on a prétendu que de 1814 à 1830 on avait

(1) Ce système était qu'il valait mieux refondre des vieux vaisseaux que d'en construire de neufs.

mis à l'eau, en France, vingt-cinq vaisseaux de ligne, au nombre desquels ce journal portait entre autres *l'Océan*, avec l'indication de « sorti de dessus les chantiers en 1818, » tandis qu'il en était sorti en 1790 ; et que cette date de 1818, dont il est apostillé au budget de la marine pour l'année 1841, est celle d'une TROISIÈME refonte qu'il a subie....; qu'il en était à peu près de même pour les vaisseaux *le Majestueux*, *le Wagram*, *le Commerce*, *le Montebello*, *le Duquesne*, *l'Austerlitz*, *le Magnifique* et *le Triton*, lesquels huit vaisseaux ce journal prétend avoir été mis à l'eau depuis 1814, lorsque, au contraire, ils l'avaient tous été auparavant....; et que la même observation s'applique aux vaisseaux *le Jupiter*, *le Généreux*, *l'Inflexible* dont ce journal fait honneur à la période de 1814 à 1830, tandis qu'ils ne sont à l'eau que depuis cette dernière époque.

La quatrième, c'est que sur les treize vaisseaux qui, comme on le voit, sont les seuls qui aient été mis à l'eau entre 1814 et 1830, il y en a *neuf* qui l'ont été dans le cours de ces seize années ; mais qu'il n'y en a que QUATRE qui l'aient été dans le cours des dix dernières !

La cinquième, enfin, c'est que de ces quatre derniers vaisseaux, non-seulement il y en a trois qui avaient été mis sur les chantiers SOUS LE RÈGNE DE L'EMPEREUR NAPOLÉON ; mais ce qui est encore bien plus remarquable, c'est qu'il n'y en a que deux qui aient été mis à l'eau depuis 1832, quoique pendant ces huit dernières années, le portefeuille de la marine n'ait été confié qu'à des officiers militaires de ce département, parmi lesquels on compte deux fois l'illustre Amiral que le corps de la marine a vu, avec autant d'orgueil que de satisfaction, placer à sa tête après sa coopération à la prise d'Alger en 1830, avec la flotte française qu'il y commandait ; et le brave Amiral qui en 1831, après avoir, avec une rare intrépidité, forcé l'entrée du *Tage*, avait imposé au gouvernement portugais, dans sa propre capitale, une capitulation tellement glorieuse pour les armes de la France, qu'on croit devoir saisir ici l'occasion de la rappeler au souvenir des Français, avec d'autant plus d'empressement que l'extrait qu'on en donnera plus loin doit faire espérer que M. l'amiral de Mackaw, qui, n'a point encore eu l'occasion de se faire connaître, en sa qualité d'officier-général, ne manquera sûrement pas de marcher, dans ses opérations contre Buénos-Aires, sur les traces de son prédécesseur, le brave amiral Roussin devant le Tage (1).

E. *Preuve des difficultés qu'on éprouve dans le port de* Rochefort *pour terminer l'armement du vaisseau l'*Inflexible.

Dans le journal *le Sud*, publié à Toulon, le 6 décembre dernier, on lit :

« Le vaisseau *l'inflexible* de 90 bouches à feu en batterie a été mis à l'eau à *Rochefort*, le 13 du mois dernier. Son armement est pressé avec une vigueur extraordinaire. Le Préfet maritime a donné des ordres pour prendre de réquisition un grand nombre d'ouvriers de profession. Les ordres ont été exécutés avec la plus grande ponctualité. Aussi *l'Inflexible* pourra-t-il être prêt à prendre la mer dans deux mois, ce qui sera dû à l'impulsion donnée par tous les chefs du port de Rochefort.

Dans le journal *Outre-mer* du 2 avril dernier, on lit :

« M. le Ministre de la marine vient de prescrire à M. le Préfet maritime de Rochefort, de lui faire connaître immédiatement l'époque à laquelle le vaisseau *l'Inflexible* pourra être mis *en commission de port* (2).

Enfin dans *le Journal de Rochefort* du 25 août, on lit :

« Une dépêche télégraphique arrivée hier à la Préfecture maritime, prescrit de presser, par tous les moyens possibles, l'armement du vaisseau *l'Inflexible*, ET SON RÔLE D'ÉQUIPAGE A ÉTÉ OUVERT HIER. »

F. *Preuves que l'Angleterre possède en ce moment* AU MOINS QUARANTE *vaisseaux de ligne susceptibles d'entrer en armement,* QUELQUES-UNS TOUT DE SUITE, *les autres en très peu de temps.*

On va sans doute être surpris de trouver ici une pareille assertion, surtout après que, depuis environ un mois, on ne cesse

(1) Voir à la fin des *notes de renvoi* l'extrait sommaire ici annoncé de cette capitulation.

(2) Ce qui n'est pas encore *en disponibilité de rade*, encore bien moins EN RADE, et encore bien moins PRÊT A PRENDRE LA MER !

de lire dans un si grand nombre de journaux de Paris, parmi lesquels il faut compter *le Moniteur universel* du 28 de ce mois (septembre), les fameux articles de certains journaux anglais, au nombre desquels se trouvent en première ligne *the Times* et *the Standart* qui, dans le but ou au moins dans l'espoir de mystifier la presse française et d'endormir la France, ne cessent de criailler « que la marine française est supérieure à la marine anglaise ; que cette dernière est dans l'état le plus déplorable, tandis que la première, au contraire, a acquis une force qui ne peut manquer de lui permettre avant peu de temps de battre *(overhelm)* sa rivale, etc., etc. »

Eh bien! pour justifier l'assertion dont il s'agit ici, mais surtout dans l'espoir d'empêcher qu'en France on ne soit tout-à-fait la dupe de cette mystification des journaux anglais, je vais présenter quelques-uns des extraits de ces journaux anti-ministériels, dont la presse de Paris repaît ses lecteurs, et je les ferai tout aussitôt suivre de quelques extraits de plusieurs autres journaux *aussi anglais* ; que la presse parisienne, probablement *par un esprit de patriotisme mal dirigé*, a toujours laissés de côté.

Ce sera ensuite le lecteur qui devra juger jusqu'à quel point l'assertion qui est l'objet de cette note est fondée.

Dans le journal *the Times*, du 20 septembre, répété par plusieurs journaux de Paris, et entre autres par le journal LE TEMPS du 22, on lit :

« La nation (anglaise) peut à bon droit reprocher à l'amirauté d'avoir tenu notre marine dans un état d'infériorité telle que nous ne pouvons nous flatter d'avoir conservé notre ascendant sur les mers. Pour ne citer qu'un seul exemple, nous disons que la flotte française est plus forte en ce moment que la flotte anglaise dans la Méditerranée ; et cependant, c'est là que sera le principal théâtre de la guerre, si la guerre éclate ! Nous demandons encore quelle est l'importance de notre flotte de réserve ? Avons-nous un seul vaisseau complétement armé et équipé pour la défense de nos côtes ? L'amirauté a cru devoir publier, pour tranquilliser l'esprit public, quelques documents que nous avons plus d'une raison de croire erronés. On nous cite *des noms*, et l'on voudrait les faire passer pour *des réalités !*

« Ainsi, par exemple, on nous dit qu'il y a vingt-huit frégates en commission. Mais si nous parcourons les registres officiels de la marine, nous trouverons qu'il n'y a en ce moment en commission que dix frégates au-dessus de 36 canons. Ce sont le *Winchester*, le *Southampton* et le *Président* de 50 ; la *Blonde*, le *Druïde*, le *Seringapatam* et le *Stagg* de 44 ; le *Castor*, l'*Inconstant*, la *Pique* de 36. Les autres pourraient à peine se mesurer contre les bricks de la marine française. De plus, le changement qui a eu lieu dans le système d'armement naval depuis les vingt dernières années rend encore la comparaison plus désavantageuse pour notre marine. La flotte anglaise est en général composée de vieux vaisseaux. Du temps de Nelson, un navire de 28 canons s'appelait une frégate, et un de 72 s'appelait un vaisseau de ligne. Si nous ne voulons pas éprouver un mécompte fatal, il ne faut pas perdre de vue que les flottes des autres puissances ont été formées depuis les vingt dernières années, et qu'aujourd'hui, une frégate proprement dite signifie un bâtiment de 50 canons et même de 60, et un vaisseau est un bâtiment de 90 à 100 canons. Certainement la leçon que nous avons reçue des Américains ne doit pas être entièrement perdue pour nous. Nous sommes entrés en guerre contre eux dans la situation où nous serions en ce moment si la guerre éclatait !

« Aucun courage, aucune habileté ne peut prévaloir contre une rangée de canons d'une force supérieure. Comment une frégate portant 32 ou 36 canons, dont les plus forts ne sont que des caronades de 24, pourrait-elle résister à une frégate portant 50 ou 60 canons de 30 ? Les plus petits navires doivent nécessairement être écrasés par les plus grands ; c'est ce qui arriva au *Java*, à la *Guerrière*, au *Macédonien* contre les frégates des Etats-Unis ; et c'est ce qui arriverait encore à quelques-unes de nos vingt-six frégates que l'on dit être en ce moment en commission, si elles avaient à se mesurer avec les nouvelles frégates de 50 et de 60 canons de la marine française. Mais c'est assez nous étendre sur un pareil sujet. Puisse Dieu nous épargner les malheurs et les disgrâces que ne manquerait pas de nous attirer une lutte de ce genre ; ou si telle est la volonté divine, puisse-t-elle nous accorder le temps et les moyens de mettre notre marine dans une situation meilleure que celle où il est à notre connaissance que l'a mise la mauvaise administration du bureau de l'amirauté actuelle. »

Tel est un article publié par le journal anglais *the Times*, le 20 septembre, sur la marine anglaise, en la comparant à la marine française, et que le journal français le TEMPS, s'est empressé de répéter deux jours après.

Maintenant, on va voir celui que ce même journal anglais a de nouveau publié sur le même sujet quelques jours après, et que le MONITEUR UNIVERSEL n'a pas non plus perdu de temps à reproduire, puisque c'est dans son numéro du 26 qu'on lit :

« ANGLETERRE : Le *Times* prétend que dans ce moment la marine française est supérieure à la marine anglaise : voici les arguments qu'il fait valoir à l'appui de cette assertion.

« La seule escadre » dit-il, « actuellement en mer au service de la Grande-Bretagne est celle de l'amiral Stopford)1). Elle se compose de neuf vaisseaux, dont quelques-uns ont reçu à tort le nom de vaisseaux de ligne. D'abord, ces vaisseaux qui sont plus petits, moins forts et plus faiblement armés que ceux de la France, ont en proportion de leurs canons et de leur tonnage un personnel inférieur d'un quart à celui des vaisseaux français. Ainsi, le *Vanguard*, qui a 84 canons et qui porte 2609 tonneaux, n'a qu'un équipage de 645 hommes, tandis que l'équipage d'un vaisseau de guerre français ayant le même nombre de canons et le même tonnage, a un personnel de 800 hommes. L'amirauté croit-elle sérieusement que l'équipage du *Vanguard*, qui se compose en grande partie d'un grand nombre de jeunes matelots, pourrait tenir tête à 800 hommes formant l'équipage d'un vaisseau français ? Comment le service des canons pourrait-il se faire avec autant de précision et de rapidité ? Le *Bembow*, vaisseau de 72 canons, destiné à se mesurer avec un vaisseau français de 120 canons, ayant un équipage de 1,100 hommes, n'a que 540 hommes

(1) Et celle qui est dans les mers de la Chine? Et celle qui compose la station de l'Amérique du Nord? Est-ce qu'elles sont dans les ports d'Angleterre? (*Note de l'Editeur*).

à bord (1). Est-ce ainsi que le gouvernement devrait traiter nos marins ? N'y a-t-il pas cruauté de sa part ? Qu'arrive-t-il ? C'est que les matelots anglais ont de la répugnance à entrer au service du gouvernement.

« Les observations que nous venons de faire s'appliquent également au vaisseau le *Britannia* ; et encore a-t-il fallu mettre à bord de ce vaisseau, qui va partir, les hommes formant l'équipage du *Donegal*, revenu récemment de Lisbonne et qu'on va réparer. Que veut-on que l'amiral STOPFORD entreprenne dans un pareil état de choses ? L'amirauté fait courir le bruit que six ou sept vaisseaux partiront incessamment pour la Méditerranée ; c'est très bien ; mais où donc lord Minto trouvera-t-il des hommes ? En ce moment, nos chantiers et nos arsenaux, loin d'être des moyens de défense contre l'ennemi, semblent au contraire l'inviter à nous attaquer. Que signifient des rangées de mâts et de canons démontés, des masses de boulets, si trois vaisseaux de guerre étrangers, dirigés par un habile pilote, peuvent enlever nos vaisseaux de guerre à Plymouth, Portsmouth et Sheerness, les charges de munitions, mettre le feu à nos chantiers, et retourner ensuite triomphalement à Brest ? Oui, tel est le misérable état dans lequel se trouve aujourd'hui la marine anglaise. Point de renforts pour notre escadre ! Point de flotte dans la Manche (2) ! Pas un vaisseau, pas une frégate, ni même un *steamer* prêt à entrer en mer !! 2,000 marins votés par le parlement qui restent dans l'inaction. On a demandé 2,000 hommes, à peine en trouve-t-on 500 !! Est-ce que jamais une puissance maritime du dixième degré s'est trouvée dans un pareil état de délabrement ? Jamais la sûreté d'un empire puissant a-t-elle été confiée à des forces aussi minimes ? »

Il y a longtemps qu'un vieux proverbe porte que « *qui n'entend qu'une cloche n'entend qu'un son.* » Nous venons d'entendre la cloche sonnée en Angleterre par les journaux TORYS

(1) Comment le ministére de la marine a-t-il pu laisser publier un semblable article sans avoir fait relever la fausseté des assertions qui s'y trouvent, ainsi que je les démontrerai plus tard ?

(2) Et où est celle de la France, qui n'a pas aujourd'hui UN SEUL VAISSEAU DE LIGNE A FLOT dans le port de Brest ? (*Note de l'Editeur*).

dont la presse quotidienne de Paris a bien voulu être l'*écho*; maintenant passons à entendre la cloche sonnée par les journaux **WHIGS** à l'égard desquels cette même presse parisienne a jugé convenable de rester **MUETTE** !

En voici quelques coups :

Le journal « *the Globe*, » du 13 août, les fait entendre en s'exprimant comme suit :

« Nous étions dans l'embarras d'imaginer quel serait l'objet que les torys auraient choisi pour approvisionnement de leurs doléances, pendant que l'absence du parlement allait le leur rendre un peu rare.

« Le journal « *the Times* » vient de nous en retirer, et son exemple est gravement suivi par tous ceux des journaux du soir qui appartiennent au parti dont il est le premier organe *(the Leading Journal)*. L'état de la marine sera *le thème*, et la proposition qui devra être soutenue sera que cette marine est insuffisante ; — que nos côtes ne sont pas protégées ; — que par conséquent leur invasion est facile, — et que la métropole elle-même est exposée à être avant peu de temps en la possession d'un conquérant *(an invader)....* » Tels sont les cris d'alarme qui ont été jetés hier avec une grande pompe par les deux organes les plus puissants du parti tory.

« Le *Times* apporte son contingent, dans ces doléances, en ces termes : L'idée d'un blocus de la Tamise semble absurde *(preposterous)*, mais qu'on nous laisse l'examiner sérieusement et l'approfondir. Si vingt-quatre vaisseaux de ligne se présentaient au Nord (1), le 1er novembre prochain, comment et avec quoi pourrions-nous les éloigner ? Quant à envoyer contre eux vingt-quatre ou seulement quatorze vaisseaux, dans l'état actuel de notre marine, il nous serait tout aussi facile de leur expédier lord Nelson lui-même.

« Ensuite » (ajoute le *Times*), « sommes-nous bien convaincus que les souvenirs rancuniers de Waterloo soient tellement éteints dans les cœurs de nos voisins les plus rapprochés que, s'ils se sentaient en position d'arriver jusqu'à Medway (2), et

(1) Mouillage en dedans de la Tamise.
(2) Petite rivière qui se jette dans la Tamise.

d'y établir un blocus de la Tamise, cette idée serait de suite et dédaigneusement rejetée par eux ?

« Qu'on ne s'imagine pas que ces événements soient bien éloignés et que ces terreurs soient chimériques ; le *Times* les considère déjà comme un fait *(as a fact)*, et il assure gravement à ses lecteurs que les derniers comptes-rendus officiellement de l'état de la marine française y conduisent directement, et font clairement connaître comment ainsi que de quelle manière *(how and in what manner)* la marine anglaise pourrait aussi indubitablement que complétement être battue *(over helmed)*.

« Après le *Times*, vient de suite le *Standard*, autre journal *tory*, qui s'empare du thème effrayant et fait voir que, par ces rapports officiellement faits en France, le CANAL ANGLAIS (1) *(the british channel)* va être converti en un lac français, et la vieille Angleterre en un apanage de la couronne du roi des Français !

« La France » (continue-t-il de dire), dans le cours des deux dernières années a silencieusement mais vigoureusement augmenté ses forces navales (2) ; et aujourd'hui elle trouve « une excuse » *(an excuse)* pour encore et considérablement accroître sa flotte. Quelles que puissent être ses intentions immédiates, il faut qu'elle ait quelque projet en perspective, pour porter sa marine au-delà de ce que réclame l'état actuel de paix. Les rapports officiels de la marine française annoncent des préparatifs d'une force considérable et imposante. Tous ses arsenaux sont dans la plus grande activité ; et indépendamment des nouveaux armements que les dernières ordonnances viennent de prescrire, elle a en construction les vaisseaux dont les noms suivent et dont plusieurs sont prêts à être mis à l'eau : *la Ville de Paris* et *le Louis XIV* de 120 canons ; *le Tage*, *le Fleurus*, *l'Ulm*, *le Dugay-Trouin*, *l'Annibal*, *le Navarin*, *l'Eylau*, *le Valmy*, *le Turenne*, *le Henri IV*, *l'Austerlitz* et *le Wagram*,

(1) C'est ainsi qu'en Angleterre on appelle *la Manche*.

(2) Il est à remarquer que, dans les deux années 1838 et 1839, en France, on n'a mis à l'eau QU'UN vaisseau, qui est *l'Inflexible*, en novembre 1839, et QUE DEUX frégates, qui sont *la Danaé*, en mai 1838, et *l'Africaine*, en août 1839 *(Note de l'Editeur)*.

de 100 canons ; *le Duguesclin, le Bayard, le Donawertz, le Fontenoy, le Breslaw, l'Hector, le Tilsit, le Sceptre* et *le Castiglione,* de 90 canons ; neuf frégates de 60 et onze de 50 canons (1) : d'où il suit que la France peut en très peu de temps amener sur le champ de bataille 46 vaisseaux de ligne, 56 frégates, et quarante-huit bâtiments à vapeur de guerre ! ! »

« Après que nous avons eu entendu ce langage tenu par les deux premiers organes torys, nous avons jeté les yeux sur la Banque *(the Money market)*; nous nous attendions à y trouver les capitalistes saisis d'une terreur panique, et tous s'empressant de vendre, à quelque prix que ce fût, sans pouvoir trouver d'acheteurs !

« Mais, malheureusement pour nous, cette insensibilité pour des dangers aussi menaçants, cet aveuglement sur une destruction si prochaine du pays et de la nation, qui empêchent les Ministres *(the Cabinet)* d'armer le peuple *en masse* et d'ordonner que tous les bâtiments qui sont sur les chantiers soient de suite mis à l'eau et tout aussitôt armés avec la plus grande célérité possible, sont partagés par la bourse *(the stock exchange)* qui cependant, jusqu'à ce jour, a été plus sensible à cet égard que le baromètre ne l'est aux changements de température, et qui est si facilement effrayée par la probabilité, même la moins fondée, d'une guerre prochaine.

« Aujourd'hui que nous sommes menacés d'être envahis, que le blocus de la Tamise doit commencer le premier novembre

---

(1) Il n'est peut-être pas inutile de faire remarquer que les noms et la force de tous ces vaisseaux sont donnés par le journal anglais absolument dans le même ordre qu'ils sont portés au budget de la marine présenté aux Chambres, parce que cela prouve que les Anglais trouvent à se procurer ces documents officiels, et qu'à cet égard ils sont plus heureux que les Français en France.

Pour moi, je puis affirmer que maintes et maintes fois je les ai demandés à la Bibliothèque Royale, rue de Richelieu, ainsi qu'à la Bibliothèque Mazarine, et qu'il m'est arrivé fort rarement de pouvoir les obtenir. Il m'était chaque fois répondu que ces documents étant imprimés à l'Imprimerie Royale, le dépôt exigé des imprimeurs de tout ouvrage quelconque ne l'est point de cette imprimerie, et que c'est par l'effet du hasard qu'il s'en trouve quelques exemplaires dépareillés dans cette Bibliothèque.

(Note de l'Editeur).

prochain, à peine si les gens à argent ont fait seulement attention à cette nouvelle. Tous paraissent aussi tranquilles et aussi rassurés que si le *Times* n'avait pas secoué son tonnerre pour annoncer ces événements, et que si le *Standard*, dans le même but, n'avait pas déjà senti la brise qui est le précurseur des approches de l'orage, etc., etc. »

Ici le journal, *the Globe*, s'amuse à ridiculiser le langage des journaux torys au moyen de quelques plaisanteries assez burlesques.

L'une d'elle, fait allusion au départ de la famille royale du palais de Buckingham pour le château de Windsor (*the Windsor's castle* (1)), qu'il espère, dit-il, être assez fortifié ainsi qu'assez approvisionné pour pouvoir soutenir le siége pendant toute sa durée.

Une autre a pour but de rassurer les vieilles dames et les demoiselles châtelaines (*the old ladies and damsels*), au sujet des terreurs qu'elles pourraient éprouver, en s'imaginant voir dans les allées de leurs parcs, des envahisseurs à regards farouches qui n'épargnent ni l'âge ni le sexe ! et dans ce but il continue en ces termes :

« Nous allons leur faire voir que nonobstant les hautes autorités qui leur ont donné l'alarme, elles peuvent dormir paisiblement pendant la nuit, et dans le jour aller faire la causette, se promener à pied, faire des courses à cheval (*Talk*, *Walk*, *or ride*), pendant tout l'hiver prochain, sans avoir à craindre que leur tranquillité soit aucunement troublée par la présence d'aucun Français ou d'aucun Russe !

« Si, en opposant les ressources navales de l'Angleterre à celles de la France, nous paraissons attacher quelque importance à ce qui véritablement n'est que ridicule, il faut faire attention qu'il y a des personnes qui prennent des assertions pour des preuves. Disposées par leurs préjugés à ajouter foi à tout ce qui est allégué contre le gouvernement, elles ne veulent jamais prendre la peine de s'assurer de la vérité, ou seulement de la probabilité de ce qui est avancé. Pourvu que cela s'accorde avec leurs préventions, elles répandent les bruits les plus faux ainsi que les plus dénués de sens commun ; et elles iraient jus-

(2) En anglais le mot *castle* signifie indifféremment *château* ou *fort*,

qu'à désirer que ces bruits se réalisent, s'il pouvait en résulter la confirmation de leurs prédictions.

« Nous accorderons donc pour le moment, mais seulement par forme d'argument *(for the sake of argument)* que, ce qui est de toute improbabilité, la France se détermine à entrer en guerre avec l'Angleterre, et que de suite elle prenne toutes les dispositions qui seraient en son pouvoir pour la faire avec quelque espoir de succès... : eh bien.... vingt vaisseaux de ligne sont tout ce qu'elle en possède à flot, et qu'elle pourrait armer, en y comprenant encore les cinq dont l'armement vient d'être ordonné, mais ne pourra pas être terminé d'ici à plusieurs mois! *Elle n'a pas* A FLOT *un seul vaisseau de plus capable d'aller a la mer!* A la vérité, il y en a une vingtaine d'autres qui figurent sous le titre équivoque de « en construction » *(in stock)*, et que le *Times* appelle «en disponibilité » *(in preparation)*: mais il en est plus d'un qui n'ont d'existence que sur le papier et dont jusqu'à ce jour pas un seul morceau de bois destiné à construire ces terribles monstres n'a été mis sur le chantier (1). On peut hardiment affirmer que, d'aujourd'hui à six mois, la France ne pourrait pas avoir à la mer vingt-cinq vaisseaux de ligne. Or, quelle serait la chance de succès pour une pareille marine, quand elle aurait à lutter contre celle de l'Angleterre après six mois de préparatifs? Avant que ce laps de temps ne soit écoulé, une semblable flotte serait réduite au néant, sous le rapport de son utilité, pour la puissance qui aurait la présomption de tenter des opérations navales auxquelles l'Angleterre prendrait part... Eh quoi!... En moins de six mois, l'Angleterre

(1) Quoiqu'on ne puisse méconnaître que, relativement aux vaisseaux *à flot* possédés par la France et susceptibles d'être armés, le journal, le *Globe*, n'est que trop bien renseigné ; toutefois, pour ce qui concerne les vaisseaux en construction, ces renseignemens ne sont pas tout-à-fait aussi exacts. Mais, néanmoins, il est de fait que, dans le projet du budget de la marine pour 1841, on annonce *comme étant en construction, au* 1er *novembre,* ET DEVANT ÊTRE MIS A L'EAU DANS LE COURS DE 1840, des bâtiments à vapeur de la force de 450 chevaux, tels que l'*Asmodée*, le *Gomer*, dont ce document officiel fait connaître qu'à la première de ces deux époques, la *quille* n'était seulement pas préparée, et dont il est certain que la machine n'était ni commencée, ni même commandée.

(Note de l'Editeur).

pourrait armer quatre-vingt vaisseaux de ligne, indépendamment d'un nombre de plus petits bâtiments armés et de bâtiments à vapeur de guerre (*war steamers*) suffisant pour protéger nos propres côtes, et pour porter la destruction et la terreur sur celles de l'ennemi.

« Afin, qu'on ne nous accuse pas d'avancer des assertions
sans preuves, qu'on examine l'état ci-dessous pris dans des documents officiels. L'Angleterre a maintenant vingt-deux vaisseaux de ligne en service effectif, indépendamment de trois
forts vaisseaux de garde qui pourraient être prêts d'un instant à
l'autre. Elle a de plus quinze vaisseaux de ligne qui ont subi
un radoub complet (*an entire over hawling*), dont les mâts, les
voiles, le gréement et l'artillerie, sont tout prêts à être mis à
bord au premier ordre. Elle en a plus de cinquante autres tant
en construction qu'en état de servir après quelques réparations
qui sont répartis à Plimouth, à Portsmouth, à Chatham, à Sheerness et à Pembroke.

« Voilà pour ce qui concerne les forces respectives *en vaisseaux de ligne* de la France et de l'Angleterre ; mais des vaisseaux sans hommes pour les monter sont inutiles. Ce ne serait
que des troncs d'arbres *(logs)* flottants sur les eaux, tout prêts
à devenir la propriété de celui à qui il pourrait convenir de les
remorquer jusqu'au rivage. En Angleterre, le premier son de
la trompette qui annoncerait la guerre, ranimerait le courage
qui n'est qu'assoupi de trois cent mille bons marins, tandis
que la France ne possède pas seulement sur son littoral cinquante mille hommes de mer, en y comprenant le plus vieux de
ceux de ses matelots qui ont fait la guerre sur les vaisseaux, et
le plus jeune de ses mousses employés à bord des bateaux de
pêche !... Cependant, c'est en face de ces faits constatés d'une
manière satisfaisante par des documents officiels mis à la disposition de tous ceux qui sont plus jaloux de donner au public
des informations exactes, que de lui inspirer des inquiétudes en
exagérant les forces navales de la France et en dépréciant celles de l'Angleterre, que *le Times*, non seulement prétend que
la France possède aujourd'hui une armée navale supérieure à
celle de l'Angleterre, mais encore que la France a la supériorité
sur les mers !

« L'inexactitude de cette assertion ne peut être mieux démontrée, en même temps que les motifs qui lui servent de base ne peuvent être rendus plus manifestes qu'en comparant la situation de notre marine avec celle de la France telle qu'elle est établie dans son budget pour 1841, présenté par le Ministre de ce département.

MARINE ANGLAISE.

	Vais. de l.	Frég.	Plus petits bât.	Vap.
Armés, non compris la réserve.	22	29	87	65
Réserve	15	11	»	»
Désarmés; mais en état d'être envoyés à la mer et en construction.	70	56	252	11
Totaux.	107	96	330	76

Nombre d'hommes, 37165.

MARINE FRANÇAISE.

	Vais. de l.	Frég.	Plus petits bat.	Vap.
Armés et en disponibilité	20	22	73	30
Désarmés et en construction.	25	28	93	10
Totaux.	45	50	166	40

Nombre d'hommes : 22,464.

« L'effet de cet état comparatif sera encore plus remarquable, si on fait attention que, dans la partie qui concerne l'Angleterre, on laisse de côté vingt-quatre vaisseaux de ligne et un nombre beaucoup plus considérable de bâtiments inférieurs, comme ne pouvant servir à la mer ou bien servant actuellement de casernes flottantes, de bagnes à flot, de magasins, de dépôts, etc., etc. On n'y fait entrer que ceux qui sont propres au service, et ceux dont la construction est avancée. Quant aux bâtiments à vapeur de guerre *(war steamers)*, non seulement ceux de l'Angleterre sont deux fois plus nombreux que ceux de la France, mais de plus, très peu de jours après que l'ordre en serait donné, ils seraient *innombrablement* augmentés par les bâtiments à vapeur de grandes dimensions et d'une grande force en chevaux, employés maintenant aux transports par mer des marchandises et des passagers. De suite, les diverses compagnies auxquelles appartiennent ces bâtiments, les mettraient tous à la disposition du Gouvernement , pour être employés comme bâtiments de guerre, si on les leur demandait.

« Il y a quelque temps, dans un état comparatif du nombre de navires employés pour le commerce maritime, fait par l'Angleterre, nous avons fait voir les immenses ressources dont notre marine commerciale peut être dans le cas d'une guerre. Pour le commerce au—delà des mers, nous n'employons pas moins de 18,000 navires montés par à peu près 180,000 hommes. Qu'on ajoute à ce dernier nombre celui encore plus considérable des individus employés aux cabotages, aux pêches, aux transports destinés pour nos colonies ou pour nos stations navales, etc. etc. Qu'on compare ensuite ces ressources avec celles si modiques *(scanty)* dont la France peut disposer , et qu'on nous dise, si, quels que soient leurs auteurs, ces descriptions exagérées des forces navales de cette puissance, et ces états, au contraire, dépréciateurs de celles de l'Angleterre méritent quelque confiance; et si ceux à qui on les doit ne sont pas aussi anti-Anglais dans leurs sentiments qu'ils sont indignes d'être crus par le public, qu'ils cherchent à tromper, non seulement aux dépens de la vérité, mais même sans que la plus légère apparence de probabilité puisse donner quelque consistance à leurs indignes artifices *(inventions)*. »

Certainement, cet article pris dans le journal anglais, *le « Globe, »* ne ressemble guère à ceux du journal aussi anglais *le « Times »* que j'ai cité plus haut comme ayant été répété par la presse de Paris. Passons maintenant à un autre que je prends dans le journal anglais intitulé : « *Nautical magazine and naval chronicle* » du 1er septembre dernier.

On y lit : « Conformément à notre usage de donner des noms et de présenter des chiffres pour soutenir nos assertions qui ont été contestées, nous publions aujourd'hui la liste des vaisseaux de ligne possédés par l'Angleterre qui, en ce moment, sont ou bien en service effectif, ou bien en état d'être prêts à y entrer sous peu de temps à l'aide de quelques réparations, et nous y ajoutons celle de ceux en construction. Tous nos vaisseaux de ligne employés comme casernes flottantes *(receiving ships)*, comme dépôts, comme hôpitaux, comme bagnes provisoires *(convict ships)*, ou bien servant aux quarantaines, ou bien qui peuvent être en assez mauvais état, pour exiger de très grandes réparations, si on voulait leur faire prendre la mer et qui sont au nombre de plus de vingt, ne sont point compris dans cet état, que nous donnons comme un exposé véritable de la force réelle de la marine anglaise *en vaisseaux de ligne*. Plus tard nous présenterons un pareil état de nos frégates, de nos bâtiments à vapeur et des autres plus petits bâtiments ; mais dès ce moment nous pouvons faire remarquer que nos informations sont puisées à des sources authentiques *et peuvent défier toute investigation.*

VAISSEAUX ARMÉS : Britannia et Howe, de 120; Princess Charlotte, de 104; Rodney, de 92; Ganges, Asia, Powerful, Thundever, de 84 ; Vanguard, de 80 ; Bellérophon, Cambridge, de 78 ; Belle-Isle, Bembow, Blenheim, Donégal, Edimburg, Hastings, Implacable, Melville, Revenge et Wellesley, de 72. Total : 21.

VAISSEAUX DE RÉSERVE ou *démonstration ships :* Caledonia, Saint-Vincent, de 120 ; Queen, de 110 ; Camperdown, Impregnable, de 104 ; Agincourt, Hawke, Hercules, Malabar, Pembroke et Russel, de 72. Total : 11.

VAISSEAUX EN BON ÉTAT : Royal Williams, Nelson, Hibernia, Prince Régent, Neptune, Royal-George, Waterloo, de 120; Royal-Adélaïde, de 104; Nile, de 92 ; Formidable, Vengeance, Clarence, Monarch, Bombay, Calcutta, de 84; Foudroyant, Indus, de 78 ; Achille, de 76 ; Ajax, Wellington, Imaüm, Blackprince, Illustrious, Carnatic, Egmont, de 72. Total : 25.

VAISSEAUX AYANT BESOIN DE RÉPARATIONS : Canopus, de 84; Minden ; Talavera, Armada, Bellona, Defence, Devonshire, Hogue, Pitt, Minotaur, Redoutable, Sultan, Tremendous, Invincible, Kent, Meavay, de 72. Total : 16.

VAISSEAUX EN CONSTRUCTION : Saint-Georges, de 120, sera

mis à l'eau le 27 ; London, de 92, y sera mis le 29 ; Trafalgar, de 92, le sera au mois de février prochain ; Algiers, Royal-Frédéric, Victoria de 110, n'ont que la membrure *(inframe)*; Albion, de 90, dans le même état ; Prince Albert, de 90, Colossus et Collingwood de 80, tous les trois presque finis de border *(nearly planked)*; Mars, Majestic, Superb de 80, tous trois n'ayant que la membrure ; Lion, Irrésistible, Hindostan, Centurion, Goliath, de 80, tous les cinq presque finis de border ; Boscawen et Cumberland, de 70, et deux autres de 80, en construction dans l'Inde, non encore nommés. Total : 22.

Nombre total des vaisseaux de ligne *quatre-vingt-quinze ! !* »

Sans doute, je suis loin de croire que cet état, présenté par *le « Naval chronicle »*, comme étant d'une exactitude *qui défie toute espèce d'investigation*, soit aussi exact qu'on le prétend ici. Mais il est de fait, parce qu'ainsi que je l'annonce ci-devant à la note de la page 28, je puis présenter les noms ainsi que les forces d'au moins quarante vaisseaux de ligne, qui ont été mis à l'eau en Angleterre depuis 1814, et l'époque à laquelle chacun d'eux y a été mis ; il est de fait, dis-je, que cet état présenté par *le « Naval chronicle »* est assez rapproché de la vérité pour que je n'hésite pas à prétendre que la presse journalière de Paris aurait bien mieux servi la France en lui mettant *au moins une fois,* sous les yeux, cet article du *« Naval chronicle »* et celui qui précède du *« Globe »* qu'en lui présentant continuellement les articles MYSTIFICATEURS du *« Times. »*

Je conçois que l'amour-propre national devait être plus flatté par la lecture de ces derniers, qu'il ne l'aurait été par celle des premiers, et que ce motif a pu être la cause pour laquelle les journaux quotidiennement publiés dans la capitale se sont tant empressés à l'envi les uns des autres, d'être aussi muets qu'ils l'ont été à l'égard des derniers, en même temps qu'ils se rendaient l'écho si sonore des premiers ; mais si on ne peut pas contester que « le vrai patriotisme est là « où l'on ose toujours dire avec fermeté la vérité à son pays, « et où on ne se fait jamais le courtisan de ses erreurs ; » c'était sans doute en cette circonstance que cet axiome aurait dû être le guide de MM. les rédacteurs de ces journaux ; parce qu'il est malheureusement trop certain non seulement que c'est à cet amour-propre national aussi mal éclairé que mal dirigé, qu'il faut attribuer la déplorable situation dans laquelle se trouve la marine française, placée comme elle l'est aujourd'hui en face de la marine anglaise ; mais encore que c'est lui qui n'a que trop provoqué le langage qui a été récemment tenu par le journal anglais *the Morning Chronicle*, et qui a été répété le 3 de ce mois par la presque totalité des journaux de Paris, où on le lit en ces termes :

« Si la présence d'une flotte russe dans la Méditerranée offusque la France, que la France s'en prenne à cet égard à *ses fanfaronnades* et à *ses ordonnances*.

La conséquence nécessaire de la politique d'intimidation à laquelle la France a eu recours, c'est que les autres puissances emploient de leur côté le même système : » « AVANT « D'ORDONNER DES ARMEMENTS MARITIMES SUR UNE SI LARGE « ÉCHELLE, M. THIERS AURAIT DU COMPTER SUR SES DOIGTS « LES FORCES NAVALES DE LA FRANCE, ET LES COMPARER EN-« SUITE AUX FORCES NAVALES DES ALLIÉS ! »

J'avais eu l'intention de terminer ici cette note, mais depuis que j'ai en remis ce manuscrit à l'imprimeur, quelques journaux, dont entre autres *le National* ainsi que *le Constitutionnel*, ne se sont point trouvés suffisamment éclairés, ni avertis par cet article du «*Morning-Chronicle*», et dès le lendemain du jour qu'ils l'avaient inséré dans leurs colonnes, ils ont encore publié *sur la prétendue faiblesse de la marine anglaise*, un nouvel article du *Times*, qui les a conduits à faire l'observa-« tion « que les faits publiés par ce journal sont de nature à faire « douter que l'Angleterre, dans une nouvelle guerre maritime, « puisse jeter sur les mers les forces qu'on lui a vu déployer « dans les luttes précédentes. »

Or, cette persévérance pour tâcher de faire croire en France que la marine de la Grande-Bretagne est véritablement dans l'état d'infériorité où ce journal anglais prétend qu'elle se trouve, m'a déterminé à tâcher, à mon tour, d'éclairer la France sur l'erreur où elle tomberait inévitablement, si elle mettait trop de confiance dans cette *mystification*, dont on ne peut pas douter que le journaliste anglais voudrait la rendre dupe.

C'est donc dans ce but que je vais présenter quelques nouvelles observations que j'aurais voulu m'éviter de faire dans cet écrit, mais qui, puisque j'y suis conduit malgré moi, porteront, je l'espère, dans l'esprit de mes lecteurs la conviction où je suis sincèrement moi-même, qu'en France, on ne tarderait pas à se repentir d'avoir trop facilement ajouté foi, non-seulement à cette *prétendue faiblesse* de la marine anglaise, mais surtout à cette aussi PRÉTENDUE SUPÉRIORITÉ de la marine française sur celle-ci.

Pour inspirer cette conviction aux personnes qui, à cet égard, se laisseraient trop facilement aveugler par le sentiment qu'elles appellent l'amour-propre national, je leur accorderai :

Premièrement, que les seize vaisseaux français armés à Toulon (1), qui composent l'escadre dite du Levant et celle dite de réserve, seraient réunis sur un même point de la Méditerranée, ce qui, jusqu'à ce jour, non-seulement n'a pas eu, mais même ne pouvait pas avoir lieu, puisque plusieurs d'eux et nommément *le Scipion*, viennent à peine de terminer leur armement ;

Secondement, que la force navale française, ainsi composée de ces deux escadres, non-seulement serait supérieure à celle anglaise en nombre de vaisseaux, puisque cette dernière n'en a pas été composée jusqu'à ce jour de plus de quatorze, et en vaisseaux plus forts tant par la membrure que par l'artillerie ; mais encore le serait par la force numérique ainsi que par l'habileté de ses équipages, tant dans les manœuvres des voiles que dans le service de l'artillerie, et par l'instruction ainsi que par le courage et l'ardeur de ses commandants et de ses officiers ;

Troisièmement, que l'escadre française, dans cette brillante situation comparativement à celle anglaise, rencontrerait cette dernière ; que cette rencontre serait suivie d'un combat, et que dans ce combat l'escadre française battrait complétement l'escadre anglaise ;

(1) Je ne compte que seize vaisseaux, parce que bien certainement on ne voudrait pas prétendre que le *Souverain* et la *Ville-de-Marseille* doivent y être ajoutés, puisque jusqu'à ce jour leur armement n'a pas pu être complété !

Quatrièmement, que cette défaite de l'escadre anglaise serait tellement signalée que l'escadre française pourrait ramener triomphalement dans le port de Toulon, sinon la totalité, au moins le plus grand nombre des vaisseaux de l'escadre anglaise qui auraient pris part au combat ! ! !

Voilà bien certainement toutes les concessions qu'il est possible de faire aux personnes qui ne cessent de crier contre ce qu'elles appellent l'inactivité actuelle de l'escadre française, parce qu'elles s'imaginent et se persuadent que si cette inactivité était rompue, ces concessions que je leur fais ici, et particulièrement les deux dernières, ne pourraient pas manquer d'être promptement converties en des réalités.

Sans doute, s'il pouvait en être ainsi, la marine française se couvrirait de gloire ; cette gloire rejaillirait sur la France entière ; la marine anglaise en serait humiliée ; cette humiliation retomberait sur le peuple anglais, et je n'ai garde de méconnaître que pour des Français une semblable victoire ne paraîtrait jamais trop chèrement payée !

Mais, après avoir rendu justice à ce noble sentiment que la France entière éprouverait indubitablement, aurai-je à craindre de me montrer anti-français, lorsque je demanderai quel serait LE RÉSULTAT IMMÉDIAT d'un succès aussi glorieux ?

On m'accordera, sans doute à mon tour, que l'escadre française ne pourrait l'obtenir qu'à la suite d'un combat acharné... que, quels que fussent le courage et l'intrépidité des équipages français, ils en rencontreraient dans les équipages anglais ; que plus d'un vaisseau de chaque côté y périrait ; que les vaisseaux tant français qu'anglais, qui pourraient être ramenés dans le port, seraient sinon entièrement désemparés, au moins assez fortement endommagés pour nécessiter d'immenses réparations avant de pouvoir être envoyés de nouveau à la mer ; et enfin, que dans un pareil combat, il y aurait de part et d'autre un nombre considérable d'hommes tués et blessés plus ou moins grièvement.

Comme on ne me contestera sûrement pas, que la victoire, que j'accorde ici ne pas pouvoir manquer d'être remportée par l'armée française sur l'escadre anglaise, dans le cas où elle lui livrerait combat, ne pourrait être obtenue qu'à ce prix, je laisse à la presse quotidienne de Paris, *si infatuée* de la prétendue faiblesse de la marine anglaise, et surtout de sa prétendue infériorité en comparaison de la force de la marine française, à prouver que cette victoire ne jetterait pas cette dernière dans un état LÉTHARGIQUE dont elle serait au moins longtemps à sortir.

De mon côté, tout en ne méconnaissant pas que cette défaite qui serait éprouvée par la marine anglaise lui serait infailliblement sensible, je me charge de prouver aux lecteurs *non prévenus* de cette presse parisienne, que de suite elle mettrait la marine anglaise en position d'en tirer une vengeance humiliante pour la marine française en venant la provoquer jusque devant ses ports et l'y défier d'en sortir.

G. *Preuves des difficultés qu'on éprouve dans le port de* TOULON, *pour compléter l'armement des dix-huit vaisseaux qui doivent composer la flotte du Levant.*

Dans le journal *le Sémaphore*, publié à *Marseille*, en date du 16 juillet dernier, on lit :

« Toulon, le 14. Le vaisseau à trois ponts *le Souverain*, qui devait être mis en rade le 15 juillet y sera à peine le 15 août, et on ne peut pas encore prévoir à quelle époque sera prêt *la Ville-de-Marseille*.

Or, il est à remarquer 1° que ces deux vaisseaux font partie des dix-huit qui composent les escadres, dites jusqu'a ce jour du Levant et de réserve ; 2° que le *Moniteur* du 17 septembre de l'année dernière, avait annoncé que, par une dépêche télégraphique reçue à Toulon le 7 *(ce qui fait maintenant plus d'un an)*, l'armement du vaisseau *la Ville-de-Marseille* était ordonné ; 3° que, quant à celui du *Souverain*, le journal *le Commerce* du 28 août, aussi de l'année dernière, avait annoncé que le 23 juillet (CE QUI FAIT QUATORZE MOIS), *l'ordre avait été donné à Toulon d'y procéder* (1) !

H. *Preuves qu'il n'existe dans les ports de l'Océan aucun bâtiment de guerre susceptible d'en défendre les côtes, les rades, et les entrées !*

(1) Un des journaux publiés dans le port de Toulon a tout récemment

L'*Annuaire* de la marine, pour l'année 1840, fait connaître qu'au premier janvier, la marine ne possédait que *neuf* canonnières dont *sept* se trouvaient en service au blocus *de la Plata*; une à la station extérieure d'Afrique; et la huitième en service local à la Guadeloupe !

De plus, dans le journal *la Quotidienne*, en date du premier juillet dernier, on lit :

« Nous parlions, il y a quelques jours, (dit l'*Armoricain* de Brest,) de la détresse du port de Brest. On en pourra juger par le fait suivant. La rade vient de se trouver commandée par une mouche annonçant l'heure de la diane et de la retraite, *non plus par un coup de canon*, MAIS PAR UN COUP DE PIERRIER !!! »

I. *Preuves que l'Angleterre possède un nombre de bâtiments à vapeur, non seulement susceptibles de croiser sur les côtes de France, mais aussi suffisant pour les bloquer* TOUTES EFFECTIVEMENT.

L'année dernière, le Parlement de la Grande-Bretagne a ordonné qu'il fût fait une enquête sur les accidents arrivés depuis dix ans à bord des bâtiments à vapeur anglais, et sur les moyens d'y obvier à l'avenir.

Le rapport de cette enquête a été publié dans le cours du mois de mai 1839 : on y trouve, non seulement les noms du grand nombre de bâtiments à vapeur possédés par l'Angleterre à la fin de 1838, mais encore leur tonnage, les ports auxquels ils appartiennent, leur force en chevaux, la navigation à laquelle ils sont affectés, etc.; ce qui ne peut pas permettre de douter de l'exactitude de ce nombre, qui d'ailleurs a été confirmé par M. Daru, le 30 juin dernier, dans son rapport fait à la Chambre des pairs sur l'établissement projeté des paquebots transatlantiques à vapeur.

On y lit à la page 3 : « Les derniers renseignements statisti-

fait connaître que ce vaisseau *n'avait pas encore ses canons*, qu'il n'avait que 500 et quelques hommes d'équipage sur les 1100 qu'il doit avoir, etc. Enfin, dans le journal le *Commerce* du 10 de ce mois (septembre), on lit : « Comme vous le savez, le *Souverain* n'aura pas ses affûts avant un mois, « et il ne sera, au plus tôt, prêt à prendre la mer que dans deux mois. « Quant à la *Ville-de-Marseille*, elle en a au moins pour quatre mois !!! »

ques, publiés à Liverpool au sujet des bâtiments à vapeur, offrent les données suivantes :

« On ne comptait en Angleterre,
    « En 1814, que deux bâtiments à vapeur.
    « En 1815, que cinq.
    « En 1825, on en comptait déjà 168.
    « En 1835,   538.
    « En 1839,   840. »

Qui, bien certainement, permettent de porter le nombre de ceux existant aujourd'hui *à plus de neuf cents.*

K. *Renseignements sur les dimensions ainsi que sur la force de quelques-unes* DES FRÉGATES *à vapeur existant en Angleterre.*

Les dimensions et la force de quelques-unes de ces frégates ont été, d'après les journaux anglais, publiées dans plusieurs feuilles quotidiennes de la capitale, et entre autres dans *le Capitole* du 8 décembre dernier. Mais ce qui ne l'a pas été, quoique ces mêmes journaux anglais n'aient pas été aussi silencieux, c'est que plusieurs de ces frégates ont transporté ce nombre d'hommes pour leur passage d'un port d'Angleterre dans un port d'Irlande, comme, par exemple, de *Spithead* à *Cork*, en faisant ce trajet, qui est de 320 milles (*plus de cent lieues marines*), EN TRENTE-SIX HEURES (1) !

De plus, le journal anglais « *the Morning Chronicle,* » du 5 de ce mois (septembre), annonce qu'on vient de faire partir de Portsmouth pour la Méditerranée le bâtiment à vapeur *the Stromboly,* qui est armé de six canons du calibre de 105 livres, et ayant une portée de plus de trois mille (une lieue). « Ces canons, » continue de dire ce journal, « sont construits sur un nouveau principe qui en rend la manœuvre facile ainsi que sans danger sur les bâtiments à vapeur, à bord desquels la secousse produite par ceux qui y étaient précédemment embarqués exposait souvent la machine a être dérangée. Avant qu'on ne les ait définitivement adoptés, de nombreuses expériences en

(1) Voir le journal anglais, *The Courier,* du 29 mars dernier.

ont été faites à Douvres par un détachement de l'artillerie de la marine royale, qui y est en station, et dans les dunes, à bord de plusieurs bâtiments. »

———————

L. *Observations sur, et provoquées par la création faite en Angleterre de plusieurs* PORTS FACTICES *pour servir, en cas de guerre, aux bâtiments à vapeur anglais armés.*

Dans le rapport auquel cette note se rapporte, et qui vient tout récemment d'être imprimé par ordre de la Chambre des communes, on trouve l'indication des points de la côte où ces nouveaux ports devront exister, ainsi que les dispositions qu'il sera nécessaire d'adopter pour les créer, et jusqu'à un aperçu de la somme que cette création pourra entraîner.

QUELLE LEÇON POUR LA FRANCE!! QUI N'EN PROFITERA PAS!!!

L'Angleterre possède dans la Manche les rades des ports militaires de Portsmouth et de Plymouth dans lesquels peuvent se réfugier, à toute heure de la marée, les plus grands bâtiments à vapeur armés, puisque les vaisseaux de ligne les plus forts en ont la possibilité.

Au moyen de cos deux ports militaires, l'Angleterre commande en quelque sorte le littoral de la France, depuis Brest jusqu'au Hâvre ; mais elle ne le commande pas autant à partir de ce dernier port jusqu'à celui de Dunkerque. Or, c'est dans cette partie de la Manche que se trouvent ce qu'on appelle *le Pas-de-Calais* ainsi que *la Tamise,* et où par conséquent elle est dans le cas d'avoir le plus grand besoin d'offrir un refuge à de grands bâtiments à vapeur qui seraient armés autant pour protéger le commerce anglais susceptible de passer par ce canal pour se rendre dans la Tamise ainsi que dans la mer du Nord et *vice versâ,* que pour être à même d'attaquer le littoral de la France, qui se trouve en face.

Eh bien ! l'Angleterre, sur cette partie de son propre littoral, n'a point de ports qui puissent avoir cette destination, et elle n'hésite pas à faire toute la dépense qui peut être nécessaire *pour s'en créer jusqu'à trois,* à l'égard desquels il faut encore remarquer QU'IL Y A TOUT A CRÉER(1) !

La France, au contraire, qui n'a pas non plus, sur cette partie de son littoral, de port capable de servir de refuge à de grands bâtiments à vapeur, mais qui cependant en a absolument besoin pour son établissement de paquebots transatlantiques à vapeur...; la France, à qui la nature en a donné un pour ainsi dire tout créé, ou du moins pour lequel il n'y aurait qu'une très modique dépense à faire...; la France, ainsi et aussi favorisée par la nature, dédaigne une pareille faveur providentielle !

La France, au lieu de profiter de la facilité qu'il y aurait à faire dans la rade du Havre, *sur le banc de* L'ÉCLAT *qui découvre dans les grandes marées d'équinoxe,* et qui par conséquent présente des fondations aussi aisées que solides pour élever une digue semblable à celles dont les Anglais vont faire jusqu'à trois...; la France, disons-nous, au lieu de profiter de cette facilité que la nature lui a donnée d'avoir un port non seulement assez vaste, mais principalement sûr et accessible en tout temps ainsi qu'à toute heure de la marée, va se livrer à des dépenses incalculables, *nonobstant qu'on ait assuré qu'elles avaient été calculées,* pour avoir dans cette partie intérieure du port du Havre qu'on appelle *la Floride,* un bassin à flot dans lequel, pendant huit ou dix jours au moins sur trente qui composent un mois lunaire, ces grands bâtiments à vapeur, destinés à faire la navigation du Havre à New-York *et vice versâ,* ne pourront pas entrer à leur arrivée.

Celui qui publie cet écrit ne balance pas à déclarer, et à prendre ici acte de sa déclaration, qu'il est en position de prouver qu'indépendamment d'une multitude d'inconvénients graves auxquels seront soumis ces grands paquebots, tant pour en-

(1) Dans le rapport dont il s'agit, les commissaires, qui étaient un contre-amiral, un capitaine de vaisseau, un lieutenant-colonel du corps royal du génie, deux officiers du génie civil, et un des premiers membres de la corporation du pilotage (*an elder brother of the trinity house*), ont estimé que cette dépense s'élèverait, pour *chacun* de ces trois ports, à la somme de 2,000,000 à 2,700,000 liv. st., c'est-à-dire de 50 à 55 millions de francs, et par conséquent pour les trois, environ 160,000,000 de fr. !

rer dans le bassin projeté de la Floride que pour en sortir, il est encore de fait qu'au moment même de la pleine mer, dans un certain nombre des marées des quadratures, le port du Havre ne reçoit point la quantité d'eau que ces paquebots tireront nécessairement soit à leur départ, soit à *leur retour*.

M. *But probable pour lequel l'Angleterre a pu se déterminer à entreprendre la guerre qu'elle fait en ce moment à la Chine.*

Le journal mensuel français « *la Revue Britannique,* » du 1er août dernier donne un état des forces, tant de terre que de mer, employées par le gouvernement anglais dans son expédition contre la Chine ; et dans ce même article, on lit :

« Le but probable de cette expédition, c'est de chercher, parmi toutes les îles qui commandent la rivière de Canton, et qui ont servi de toute éternité d'entrepôt à la contrebande et de lieu de relâche à l'innombrable population de la Chine, *celle qui,* « *en permettant toujours d'arrêter le commerce de Canton,* « *permettrait aussi de fonder un établissement où l'on pour-* « *rait faire tout ce qu'on voudrait* LOIN DE LA SURVEILLANCE « DES MANDARINS, *et lier des rapports suivis avec toutes les* « *populations du littoral.* » Le mépris que le gouvernement chinois semble ressentir pour tout ce qui ne tient pas à la terre ferme, fait espérer qu'on n'aurait pas beaucoup à discuter pour obtenir une *quasi* reconnaissance du droit de l'Angleterre sur le point qu'on aurait occupé.

« C'est là le plan, nous le pensons au moins, et les forces embarquées suffisent à le réaliser. »

N. *Preuves* DE LA MAUVAISE DIRECTION *que la marine française a subie depuis le renversement de l'empereur jusqu'en* 1830, *et* DE LA DIRECTION ENCORE PLUS MAUVAISE *à laquelle elle a été soumise depuis cette dernière époque jusqu'à ce jour !*

NOTA. Après y avoir réfléchi, il m'a paru convenable d'attendre encore quelque temps avant de rendre publiques ces preuves qui sont réservées pour le prochain écrit que j'ai l'intention de publier, conformément à l'annonce qui en est faite à la note de la page 20 ; mais en l'attendant, c'est pour moi un devoir, que je remplis avec satisfaction, de déclarer que lorsque je prétends « que la France n'a point aujourd'hui d'*armée navale proprement dite* » , je n'entends parler que de *son personnel* EN MATELOTS, ainsi que *de son matériel* en VAISSEAUX DE LIGNE, et nullement DE SON ÉTAT-MAJOR. Ce n'est que lui rendre la justice à laquelle il a des droits incontestables, que de reconnaître qu'il est, pour la majeure partie, composé d'officiers du plus grand mérite sous tous les rapports ; et qu'à cet égard on peut hardiment avancer que la marine anglaise pourrait difficilement soutenir la comparaison. Mais il ne faut pas se dissimuler que pour prétendre avoir une armée navale propre à faire la guerre, il ne suffit pas de posséder des officiers instruits, braves et pleins d'ardeur, s'ils n'ont pas *sous leurs ordres* de bons marins *et sous leurs pieds* de bons vaisseaux !

A cet égard, la marine française aujourd'hui ne peut être comparée qu'à un homme qui aurait la plus belle ainsi que la plus forte tête et le cœur le plus musculaire, ainsi que le plus ardent qu'il serait possible d'imaginer ; mais qui, quant aux membres, serait manchot ainsi que pied-bot et quant au corps ne serait qu'un squelette ! ! !

Malheureusement la France, *en face de l'Angleterre* est loin d'avoir cette armée navale ; et ce qu'il y a encore de plus malheureux, c'est qu'on ne peut pas se dissimuler que si ces deux puissances entraient subitement en guerre, la première ne pourrait pas manquer de la commencer sans éprouver de très grands désastres.

C'est donc un devoir pour le Gouvernement français de la retarder le plus qu'il lui serait possible, afin de tâcher de gagner le temps qui pourrait lui être nécessaire, non pas pour l'éviter, car je ne crois pas possible que ce soit encore longtemps à sa disposition, mais pour pouvoir se mettre en mesure de s'en venger promptement.

Ce qui bientôt lui serait aussi possible que facile ! ! !

EXTRAIT SOMMAIRE

De la Capitulation imposée par M. l'Amiral Roussin au gou-
-vernement Portugais dans Lisbonne même, à l'époque du
14 juillet 1831 (annoncé à la note de la page 34.)

Comme il pourrait se trouver quelques personnes qui n'ap-
précieraient point, ainsi que je désirerais qu'il le fût, le motif
pour lequel j'ai fait si particulièrement remarquer que, parmi
les Amiraux qui ont été ministres de la marine depuis huit ans
on compte MM. *Duperré* et *Roussin*, je vais placer sous les yeux
de ces personnes le document suivant qui pourra peut-être
m'aider à les mettre sur la voie de ce motif.

C'est un extrait de la Capitulation imposée au gouvernement
Portugais, dans Lisbonne même, par M. l'Amiral ROUSSIN, le
14 juillet 1831, après qu'il eut forcé l'entrée du Tage; et je le
présente avec d'autant plus d'empressement qu'il faut espérer
que ce Ministre s'en sera souvenu, lorsqu'il aura rédigé les
instructions qu'il a été dans le cas de donner à celui de ses ca-
marades d'armes qui vient de partir pour *Buenos-Aires*.

Le premier article exigeait « la mise en liberté *dans les vingt-
quatre heures* du sieur Bonhomme, et l'annulation, par un acte
spécial de réhabilitation, de la sentence rendue ainsi qu'exécutée
contre lui au mépris des protestations du consul de France. »

L'article deux exigeait « *la destitution dans les vingt-quatre
heures* DES JUGES qui avaient prononcé la sentence, et la publication officiellement faite, dans le même délai, de l'acte de
réhabilitation qui aura annulé ladite sentence. »

Les articles 3, 4, 5, 6, 7, 8, 9, « stipulaient des indemnités
pécuniaires pour divers autres Français dont la situation ainsi
que les droits à ces indemnités étaient consignés dans l'article
qui concerne chacun d'eux. »

L'article dix exigeait « la publication du décret qui prononce
LA DESTITUTION DU CHEF DE LA POLICE DU ROYAUME. »

L'article 11 exigeait « l'annulation de tous les jugements rendus depuis deux ans contre des Français pour délits politiques
tant à Lisbonne qu'à Oporto. »

L'article 12 exigeait « HUIT CENT MILLE FRANCS pour indemniser le gouvernement français des frais de l'expédition que le

refus fait par le gouvernement portugais d'adhérer aux premières demandes de la France avait rendue nécessaire. »

L'article 13 « imposait l'obligation d'insérer dans les vingt-quatre heures, dans la *Gazette* officielle de Lisbonne, les demandes de la France, et leur acceptation par le gouvernement Portugais. »

Par l'article 14 « le gouvernement Portugais garantissait le paiement d'une somme qui devait être déterminée, contradictoirement entre les deux parties et sur pièces authentiques, *pour indemniser le Commerce Français des dommages qui auraient pu lui avoir été causés soit par des corsaires ou lettres de marque sous pavillon portugais*, SOIT PAR L'AUGMENTATION DES PRIMES D'ASSURANCES MARITIMES RÉSULTANT DE CETTE MESURE, *soit enfin par toute autre cause aussi dûment reconnue.* »

L'article 15 « stipulait 1o que pour garantir l'exécution des articles ci-dessus, portant mention dans la *Gazette* officielle de Lisbonne des diverses annulations qui devaient y être portées, cinquante exemplaires de cette gazette seraient adressés par le gouvernement portngais à M. l'Amiral commandant l'escadre française, ET QU'AVANT L'IMPRESSION, la minute de l'acte d'annulation dont il s'agit serait adressée à cet Amiral ; et 2o que cette condition devait être exécutée dans les vingt-quatre heures, à compter de six heures du soir du jour où elle était acceptée. »

Je m'arrêterai ici, dans l'exposé des articles de cette capitulation imposée, *à la bouche du canon*, par M. l'Amiral Roussin au gouvernement Portugais, dans sa propre capitale ; parce que j'aime à croire que les articles qui viennent d'en être cités doivent suffire pour convaincre non seulement jusqu'à quel point les intérêts du commerce maritime de la France étaient pris en considération par ce Commandant d'une escadre française, mais encore qu'ils n'auraient certainement pas pu l'être davantage par un négociateur provenant du ministère des affaires étrangères !!!